Verhandlungen, Mitteilungen

und

Berichte

des

Centralverbandes Deutscher Industrieller.

№ 121.

Herausgegeben

von

Dr. jur. Schweighoffer,
Generalsekretär des Centralverbandes Deutscher Industrieller,
Berlin W 9, Linkstr. 25.

Telephon: Amt VI, Nr. 2527.

März 1911.

Berlin 1911.
J. Guttentag, Verlagsbuchhandlung,
G. m. b. H.

Privatangestelltenversicherung.

Inhaltsverzeichnis.

Centralverband Deutscher Industrieller.

Besprechung des Entwurfs eines Versicherungsgesetzes für Angestellte

am 4. März 1911, mittags 2 Uhr, zu Berlin im Hotel Adlon.

Vorsitzender Landrat a. D. **Roetger:** Meine Herren, ich eröffne die heutige Besprechung und möchte zunächst feststellen, wen wir zu der heutigen Besprechung zugezogen haben, nachdem ich mit wenigen Worten auf den Zweck dieser heutigen Versammlung im engeren Kreise hingewiesen habe. Wir haben, entgegen dem Brauch, den wir bisher im allgemeinen geübt haben, diesem großen Gesetzentwurf gegenüber, der vor einigen Wochen der öffentlichen Kritik unterbreitet worden ist, geglaubt, zunächst einmal auf Grund einiger Referate in einem kleineren Kreise die Angelegenheit erörtern zu sollen in der Hauptsache aus dem Grunde, um einmal auch der Reichsregierung Gelegenheit zu geben, nicht nur zu hören, wie man in unseren Kreisen über den Gesetzentwurf denkt, sondern auch an der Debatte von ihrer Seite teilzunehmen. Ich habe den Vorzug, hier begrüßen zu dürfen die beiden Herren vortragenden Räte aus dem Reichsamt des Innern, die Geheimen Oberregierungsräte Herren Koch und Dr. Beckmann. Ich darf der Freude darüber Ausdruck geben, daß die beiden Herren unserer Einladung gefolgt sind, und ich darf hoffen, daß dieser Versuch zur Aussprache mit der Regierung nicht ein vergeblicher gewesen ist. Des weiteren möchte ich in diesem Zusammenhange hervorheben, daß ich glaube, von einer Generaldiskussion des Gesetzes in diesem Kreise absehen zu sollen. Ich meine, es wird zweckmäßiger sein, daß wir sofort in medias res gehen. Im Zusammenhang dieser Referate wird ja eine ganze Reihe von Gesichtspunkten sich ergeben, die gewissermaßen genereller Natur, doch aber auch in der Spezialdiskussion erledigt werden können.

Und nun zum Schluß glaube ich, wird es sämtliche Herren interessieren zu wissen, wer zu dieser Versammlung eingeladen ist und gleichzeitig dann auch zu hören, wer von den Herren bedauert hat, hier nicht erscheinen zu können.

Es sind eingeladen gewesen:

Justizrat Wandel, Essen (Ruhr),
Kommerzienrat Dr. Baare, Bochum,
„ Ernst von Borsig, Tegel (Berlin),
Direktor Räusch, Tegel (Berlin),
Professor Budde (Siemens & Halske), Berlin,
Dr. Fiebelkorn, Berlin, Geschäftsführer des Verbandes deutscher Tonindustrieller,
Kommerzienrat Gärtner, Freiburg (Schlesien),
„ Dr. L. Gottstein, Breslau,
Charles Laederich, Mülhausen (Elsaß),
Dr. Büttner, Augsburg, Syndikus der Handelskammer,
Kommerzienrat Marwitz, Dresden, Vorsitzender des Verbandes deutscher Baumwollgarnverbraucher,
Geh. Kommerzienrat A. Melchior, Nürtingen (Württemberg),
Rechtsanwalt Wilhelm Meyer, Hannover,
Geh. Oberfinanzrat a. D. Waldemar Müller, Berlin, Direktor der Dresdener Bank,
Kommerzienrat Neubarth, Forst (Lausitz),
„ Dr. Kauffmann, Hermsdorf bei Katzbach, Kreis Goldberg (Schlesien),
Justizrat Dr. Neißer, Breslau,
Geh. Baurat und Regierungsrat Schrey, Danzig,
Bergrat Siemens, Halle a. S.
Kommerzienrat Stark, Chemnitz,
Dr. Woltmann, Oberhausen (Rheinland),
Generalsekretär Dr. Beumer, Düsseldorf,
Syndikus Dr. Brandt, Düsseldorf,
„ Dr. Dietrich, Plauen,
„ Hirsch, Essen (Ruhr),
„ Dr. Kuhlo, München,
Professor Dr. Lehmann, Aachen,
Bergassessor von und zu Löwenstein, Essen (Ruhr), Geschäftsführer des Vereins zur Wahrung der bergbaulichen Interessen im Oberbergamtsbezirk Dortmund,

Generalsekretär Dr. Tille, Saarbrücken,
" Dr. Voltz, Kattowitz,
Professor Dr. Moldenhauer, Köln,
Generalsekretär Ditges, Berlin,
Direktor Meesmann, Mainz,
Paul Schmigalla, Chefmathematiker des „Nordstern", Berlin,
Dr. Mayer, Geschäftsführer der Abteilung der Rohzuckerfabriken, Berlin.

Ferner sind eingeladen vom Reichsamt des Innern die Herren:
Geh. Oberregierungsrat Koch, Berlin,
" " Dr. Beckmann, Berlin,
Knappschaftsdirektor Köne für v. Löwenstein,
sowie sämtliche Herren Mitglieder des Direktoriums des Centralverbandes.

Entschuldigt sind nun die Herren:
Kommerzienrat Dr. L. Gottstein, Breslau,
" Marwitz, Dresden,
Charles Laederich, Mülhausen (Elsaß),
Geh. Kommerzienrat Melchior, Nürtingen,
Professor Budde, Berlin,
Kommerzienrat Dr. Baare, Bochum,
" Stark, Chemnitz,
" Neubarth, Forst,
Bergassessor von und zu Löwenstein, Essen.
Dr. Fiebelkorn, Berlin.

Abgesagt haben vom Direktorium die Herren:
Geh. Kommerzienrat Herm. Vogel, Chemnitz,
" " Th. Schlumberger, Mülhausen (Elsaß),
" " Kirdorf, Rheinelbe b. Gelsenkirchen.
" Baurat Dr.-Ing. von Rieppel, Nürnberg.

Herr Geheimrat Koch hat das Wort.

Geheimer Oberregierungsrat **Koch**: Meine Herren, es ist uns eine besondere Freude, an der heutigen Sitzung teilzunehmen. Auch wir glauben, daß diese Besprechung im kleineren Kreise besonders wertvoll ist für die Klärung der Absichten des Gesetzes. Seien Sie versichert, daß wir alle Ihre Anregungen in ernste Erwägung ziehen und Ihren Wünschen soweit entsprechen werden, als es mit den Absichten des Gesetzes vereinbar ist, um es den Arbeitgebern zu ermöglichen, mit der durch das Gesetz herbeigeführten Belästigung und Belastung möglichst gut auszukommen. Auch der Zeitpunkt scheint um deswillen gut gewählt, weil ja binnen kurzem die Beratung des Gesetzentwurfs im Bundesrat beginnen wird. Meine Herren, ich hoffe, daß die Beratungen zu einem gedeihlichen Ergebnis führen werden. (Beifall.)

Vorsitzender: Meine Herren, ehe ich Herrn Direktor Meesmann das Wort gebe zum Beginn des Referats, möchte ich noch darauf hinweisen, daß ja seit der Veröffentlichung des Gesetzentwurfs sich schon eine ganze Reihe von Verbänden mit dem Entwurf dieses Versicherungsgesetzes für Angestellte befaßt hat. Es ist ja außerordentlich dankenswert, daß die Regierung in letzter Zeit gerade im Zusammenhang mit der sozialpolitischen Gesetzgebung die Praxis angenommen hat, die Gesetzentwürfe der öffentlichen Kritik zu unterbreiten, bevor sie dem Bundesrat zugehen. Es ist dies ja in diesem Falle wieder geschehen. Die Stellungnahme der Verbände ist nun sehr verschieden ausgefallen. Sie haben die Sache verfolgt; es werden die Herren Referenten auf die Einzelheiten nachher noch eingehen; ich will deshalb das alles übergehen. Ich habe aber doch den Eindruck gehabt, daß fast überall, darf man wohl sagen, die Erörterungen sowohl in der Presse, wie auch in diesen Vereinen, gestanden haben unter dem Einfluß und dem Eindruck einer gewissen Eilfertigkeit; ich habe den Eindruck gehabt, man hat gemeint, man muß sehr schnell zu der Sache Stellung nehmen, denn es ist nur sehr wenig Zeit mit Rücksicht auf das, was über die Absicht der Reichsregierung durchgesickert ist, möglichst noch in dieser Session das Gesetz im Reichstag zu verabschieden. Wir im Centralverband sind in dieser Beziehung vielleicht etwas schwerfälliger als andere, aber ich glaube, in dieser Schwerfälligkeit liegt auch eine gewisse Gewähr für Gründlichkeit und Sorgsamkeit und darum auch ein recht guter Kern. Wir haben gemeint, daß wir die Dinge ordentlich vorbereiten sollen und sind deshalb erst heute zu einer Besprechung in dieser Sache gekommen — von der ich noch nicht weiß, ob sie so ausfallen wird, daß sie für uns die Grundlage bieten wird, unsere Stellungnahme nach außen hin zu dokumentieren. Aus diesem Grunde hätte ich wohl gewünscht, daß die Vorlage an den Bundesrat, die nach den Ausführungen des Herrn Geheimrat Koch in diesen Tagen erfolgt, nicht so eilig von statten gegangen wäre, sondern daß man abgewartet hätte, bis die Aeußerungen derartig großer und bedeutungsvoller Körperschaften, wie eine der Centralverband Deutscher Industrieller darstellt, eingegangen sind. In etwas wird ja die Sache darin geheilt, daß wir heute hier die Herren von der Regierung unter uns haben, daß die Herren unsere Auffassung hören und an der Debatte, wie ich hoffe,

Anteil nehmen werden. Ich sage das auch nicht, um eine Kritik zu üben, sondern mehr, um für die Zukunft an die Herren von der Reichsregierung die Bitte zu richten, in allen Fällen, auch wenn es sich um Dinge handelt, die eilig sind, doch dafür Sorge tragen zu wollen, daß ein gewisser Spielraum für die Erörterung über diese wichtigen Dinge in der Oeffentlichkeit, in den Verbänden, die es in erster Linie angeht, gegeben ist — zumal, wenn, ich weiß nicht, aus welchen Gründen, zu den vorbereitenden Erörterungen, die der definitiven Redaktion dieses Gesetzentwurfes vorangegangen sind, diese Kreise nicht zugezogen sind. Die Herren werden das so auffassen, wie es gemeint ist; es ist, wie gesagt, nicht die Absicht gewesen, Kritik zu üben, sondern der Wunsch, der nicht nur aus diesem, sondern auch aus anderen Kreisen zum Ausdruck gebracht ist, auszusprechen, daß wir hoffen, die Regierung möge in dieser Beziehung etwas mehr Spielraum der Kritik geben, wenn schon derartige Gesetzentwürfe der öffentlichen Kritik unterbreitet werden.

Geheimer Oberregierungsrat **Koch:** Es ist mir sehr lieb, daß ich aus diesem Anlaß in der Lage bin, einige Mißverständnisse zu zerstreuen, die aus Mitteilungen in der Presse entstanden sind. Auch der Herr Vorsitzende hat darauf hingewiesen, daß der Centralverband Deutscher Industrieller an der Vorbereitung des Gesetzes nicht beteiligt gewesen ist und zwar in einer Fassung, die es nicht ausgeschlossen erscheinen ließ, daß der Herr Vorsitzende annahm, es seien andere Kreise zugezogen worden. Diese Auffassung ist ja des öfteren in der Presse aufgetaucht; es sind aber bei den Vorberatungen überhaupt keine Korporationen zugezogen worden, und zwar hauptsächlich aus dem Grunde, weil die Materialien, auf denen dieser Gesetzentwurf aufgebaut ist, bereits seit Jahren in der Oeffentlichkeit bekannt waren und es deshalb nicht erforderlich erschien, nochmals die Beteiligten eingehend zu hören. Es ist Ihnen ja allen bekannt, daß der Entwurf im wesentlichen auf der Grundlage der sogenannten zweiten Denkschrift beruht, mit geringen Abweichungen, und daß auch über diese zweite Denkschrift sich schon eine große Anzahl öffentlichrechtlicher Korporationen geäußert haben. Diese Aeußerungen von Handelskammern, dem Landesökonomiekollegium und anderen Organisationen liegen uns bereits vor. Aus diesem Grunde ist weder auf der Angestelltenseite, noch auf der Arbeitgeberseite eine Anhörung erfolgt.

Dr. **Beumer:** Herr Geheimrat **Koch** — — —

Vorsitzender (einfallend): Ich bitte aber nun: Wir wollen doch nicht an der Hand dieser wenigen Worte, die Herr Geheimrat Koch geäußert hat, in eine Generaldebatte eintreten.

Dr. **Beumer**: Das habe ich auch nicht vor; ich möchte mir aber an den Herrn Geheimrat Koch die Anfrage erlauben, ob er unter die Verhandlungen, die nicht stattgefunden haben sollen, auch diejenigen nicht rechnen will, die mit dem Hauptausschuß der Angestellten geführt worden sind. Ich meine, das muß doch im Interesse der geschichtlichen Wahrheit festgestellt werden, daß mit diesem Hauptausschuß sehr eingehende Verhandlungen stattgefunden haben, während mit den Prinzipal- und anderen Verbänden nicht verhandelt worden ist. Ich wollte dies nur zur geschichtlichen Wahrheit feststellen.

Geheimer Oberregierungsrat **Koch**: Insbesondere haben wir nicht etwa den Hauptausschuß irgendwie als Sachverständigen über diese Frage gehört. Die Sache lag vielmehr so: eine Anzahl von Organisationen hatte gebeten, ihre Wünsche über dies Gesetz uns vortragen zu dürfen. Das ist ein halbes Jahr oder noch länger her, ich glaube, es war im vorigen April oder Mai; um nun nicht genötigt zu sein, die einzelnen Organisationen jede für sich bei uns zu empfangen und deren Wünsche entgegenzunehmen, haben wir damals den Herren mitgeteilt, wir wären bereit, sie zu der und der Zeit gemeinsam zu empfangen. Das war nicht allein der Hauptausschuß, sondern, soviel ich mich erinnere, waren auch noch andere Organisationen vertreten, die Hirsch-Dunckerschen usw.; darauf beruht die damalige Notiz, als wenn die Reichsverwaltung Verhandlungen mit den Angestelltenorganisationen geführt hätte. Es handelte sich also nur darum, daß die Vertreter mehrerer Organisationen auf ihren Wunsch gemeinsam von uns angehört worden sind.

Vorsitzender: Ich darf annehmen, daß die Sache damit erledigt ist.

Ich gebe nunmehr das Wort Herrn Direktor Meesmann über die vier ersten Abschnitte der Tagesordnung:

Umfang der Versicherung, Träger der Versicherung, Schiedsgerichte und Oberschiedsgerichte sowie Verfahren.

Direktor **Meesmann**-Mainz: Meine sehr geehrten Herren! Wie der Herr Vorsitzende bemerkt hat, sollte es sich heute im wesentlichen nur um eine Aussprache handeln. Ich habe mich deshalb auch nicht darauf vorbereitet, Ihnen ein großes Referat zu erstatten, und ich glaube auch wirklich, daß große Referate hier vor den sachkundigen Herren, die sich mit der Materie schon mehrfach beschäftigt haben, nicht angebracht erscheinen. Ich darf aber vielleicht doch, da ich der erste

Referent bin, ganz kurz auf die historische Entwickelung der Frage mit wenigen Worten eingehen. (Zustimmung.)

Die Frage der Privatangestelltenversicherung ist in der Presse, in der Oeffentlichkeit überhaupt, namentlich aber von seiten der Angestelltenverbände als eine Sache hingestellt worden, durch welche eine bisher vorhandene Lücke unserer sozialen Versicherungsgesetzgebung ausgefüllt werden sollte und müßte. Dieser Auffassung möchte ich doch von vornherein widersprechen, und ich glaube, wir müssen uns zunächst einmal über diese Grundlage, auf der wir uns befinden, unbedingt klar sein. Meine Herren, die soziale Versicherungsgesetzgebung, wie sie durch die kaiserliche Botschaft im Jahre 1881 inauguriert worden ist, hatte zum Zweck, denjenigen Kreisen, die infolge ihrer geringen Einkommenverhältnisse nicht in der Lage sind, sich selbst zu schützen gegen die Notlagen des Lebens, eine gewisse Staatshilfe und eine gewisse Genossenschaftshilfe zu gewähren. Allerdings bezog sich in der ersten Zeit diese Versicherung mehr oder weniger auf die Arbeiterkreise. Aber sehr bald hat man sie doch ausgedehnt, und das neue Invalidenversicherungsgesetz von 1901 hat ja den Versicherungsumfang soweit ausgedehnt, daß man sagen kann, es sind heute alle Privatangestellten bis zu der Einkommensgrenze von 2000 M. in derselben Weise versichert, wie die Arbeiterkreise versichert sind. Also von einer Lücke, die etwa da in unserer sozialen Versicherungsgesetzgebung bestanden haben soll und die jetzt ausgefüllt werden soll, kann meiner Ansicht nach nicht gesprochen werden. Es kann sich nur darum handeln, entweder, ob man, wie das von vielen Seiten beantragt wird, diesen Versicherungszwang noch etwas weiter ausdehnen soll über die ursprünglich in Aussicht genommene Grenze hinaus, oder ob man, wie das die Vorlage hier vorsieht, gewissermaßen ein neues Prinzip in unsere Versicherungsgesetzgebung einführen soll, nämlich eine Versicherung auch für diejenigen Kreise, die nicht zu denen gehören, die sich nicht selbst schützen können, für die es aber aus Zweckmäßigkeits-, Nützlichkeitsgründen, oder aus Gründen des Entgegenkommens gegen die vorhandenen Wünsche angebracht erscheint, eine solche besondere Versicherung zu schaffen. Es handelt sich also — das möchte ich feststellen — um ein Abweichen von dem seitherigen Prinzip unserer sozialen Versicherungsgesetzgebung.

Nun hat ja der Entwickelung dieser Frage insofern die Gesetzgebung schon etwas vorgegriffen, als die neue Reichsversicherungsordnung sich auch mit einer Neuordnung der Invalidenversicherung beschäftigt, aber die Einbeziehung weiterer Kreise von Personen in die Invalidenversicherung nicht vorgenommen hat. Die Reichsversicherungsordnung also hat sich einem Ausbau der Invalidenversicherung ablehnend gegenübergestellt, und hieraus könnte geschlossen werden, daß man den Weg der Sonderversicherung gehen muß. Ich will nun einen kurzen Rückblick auf die Bewegung der Privatangestelltenversicherung werfen.

Die Bewegung, eine besondere Fürsorge für die Privatangestellten zu schaffen, geht bekanntlich nur etwa zehn Jahre zurück. Seit 1901 ungefähr beschäftigen sich die Privatangestelltenverbände mit dieser Sache. Der Reichstag hat sich von vornherein in mehreren Resolutionen, die von Zeit zu Zeit wiederholt wurden, dafür ausgesprochen, während die Regierung zuerst eine gewisse Zurückhaltung beobachtete. Es kam dann auf Drängen des Reichstages im Jahre 1907 die erste amtliche Denkschrift, die im wesentlichen aber nur enthielt Erhebungen über Alter, Familienstand, die Einkommensverhältnisse der Privatangestellten, über den Umfang der Stellenlosigkeit, und die dann berechnete, wie bei einer Fürsorge, ähnlich derjenigen für Staatsbeamte, sich die Beitragsleistungen für einen Versicherten gestalten würden; sie kam zu dem Ergebnis, daß etwa 19 pCt. des Gehalts an Beiträgen notwendig sein würden, um so weitgehende Wünsche zu erfüllen. Ich glaube, keinem Widerspruch zu begegnen, wenn ich hier feststelle, daß sich darüber wohl alle Kreise einig sind, Arbeitgeber wie Angestellte, daß von einer derartigen Belastung durch Beiträge sowohl der Arbeitgeber, wie der Versicherten, nicht die Rede sein kann. Es wurde dann die zweite Denkschrift im Jahre 1909 veröffentlicht, die zunächst eine Kritik an den bisherigen Vorschlägen übte, und die andererseits eine Ausarbeitung für eine Sonderversicherung für Privatangestellte enthielt, bei der ein Beitrag von 8 pCt. des Gehalts zugrunde gelegt, ferner der Begriff der Berufsinvalidität eingeführt, eine Pension in Aussicht gestellt wurde bei Invalidität von etwa 20 bis 50 pCt. des Gehalts, die weiter eine Witwenrente vorsah von 40 pCt. und eine Waisenrente von 8 pCt. der Invalidenpension, und die die Frage der Organisation so in Aussicht nahm, daß eine Kasse neben der Invalidenversicherung gegründet wurde. Das ist, wie ja der Herr Regierungsvertreter vorhin schon erwähnt hat, auch der Weg, den die jetzige Regierungsvorlage, beziehungsweise der Entwurf des Reichsamts des Innern vorschlägt, allerdings mit einzelnen, nicht ganz unwesentlichen Aenderungen.

Nun läge es ja sehr nahe, zunächst auf diese grundsätzliche Frage: Ausbau der Invalidenversicherung oder Gründung einer Sonderversicherung und die damit zusammenhängenden Fragen einzugehen; aber wenn ich den Herrn Vorsitzenden recht verstanden habe, soll ich mich doch wohl an die Reihenfolge der Abschnitte halten und dann würden jene Fragen zu dem späteren Kapitel über die Träger der Versicherung gehören, über das ich ja allerdings auch zu berichten habe.

Vorsitzender: Machen Sie es doch, wie Sie wollen, Herr Direktor.

Direktor **Meesmann:** Wenn ich also nach meinem Befinden hier das Referat gestalten darf, so möchte ich die Frage der äußeren Gestaltung der Versicherung vorwegnehmen.

Es handelt sich bei dieser Frage im wesentlichen um drei Wege, die beschritten werden können. Erstens kommt die Möglichkeit des Ausbaues der Invalidenversicherung in Betracht und man wird ohne weiteres zugeben, daß für diese Lösung eine ganze Reihe wichtiger Gründe sprechen. Zunächst spricht dafür, daß wir damit wenigstens die Einheitlichkeit unseres Versicherungswesens nicht weiter stören. Ich möchte hierbei die eigenartige Tatsache feststellen, daß, während seither von einer Vereinheitlichung der verschiedenartigen Zweige unserer bestehenden sozialen Versicherung die Rede war, man jetzt, wo es sich um einen der Invalidenversicherung ganz ähnlichen verwandten Versicherungszweig handelt, mit einem Male alle die früher so lebhaft angeführten Gründe über Bord wirft (sehr wahr!) und nun eine ganz neue Art der Organisation einführen will, aus Gründen, denen ich natürlich auch versuchen werde, volle Gerechtigkeit widerfahren zu lassen; aber vielleicht darf ich erwähnen, daß das eine eigenartige Tatsache ist, die vielleicht nicht gegen diesen Entwurf spricht, aber gewiß auf die ganzen Bestrebungen des Ausbaus unserer Versicherungsgesetzgebung ein bezeichnendes Schlaglicht wirft.

Also für den Ausbau der Invalidenversicherung spricht zweifellos die Vereinfachung der ganzen Sache, und für diese Lösung haben sich zahlreiche Unternehmerverbände ausgesprochen, aber außerdem auch nicht unbeträchtliche Kreise der Arbeitnehmerverbände. Ich erwähne den Deutschen Werkmeisterverband und den Bund technisch-industrieller Beamten; und wenn auch der Deutsche Werkmeisterverband sich, wie es scheint, aus Opportunitäts- oder taktischen Gründen von dieser Lösung neuerdings abgewandt hat, so scheint es doch nicht die Meinung aller Mitglieder in diesem Verbande zu sein, denn ich habe von einer Gruppe gelesen, daß die ganz energisch für den Ausbau der bestehenden Invalidenversicherung noch heute eintritt. (Generalsekretär Dr. Beumer: Und die Diplomingenieure!)

Die Gründe bestehen neben der Wahrung der jetzigen Einheitlichkeit, soweit solche vorhanden ist, darin, daß keine neuen Behörden erforderlich sind, und in der Vermeidung neuer Arbeiten für Arbeitgeber und Angestellte. Sie bestehen aber weiter in der Schwierigkeit, die Angestelltenkreise von den Arbeiterkreisen zu sondern; und wenn man den § 1 des Gesetzentwurfs, der den Umfang der Versicherung behandelt, sich ansieht, so wird man in der Besorgnis vor dieser Schwierigkeit bestärkt und wird sich die Frage vorlegen müssen, wie soll das in der Praxis gemacht werden? Es gibt zweifellos eine ganze Anzahl von Personen, bei denen die Frage entstehen wird, ob sie noch als Angestellte zu betrachten sind oder als Arbeiter im Sinne des Invalidenversicherungsgesetzes. Das ist eine Frage, auf die ich ja auch noch näher eingehen will; ich will das hier nur vorläufig einmal bemerken. Es kommt weiter nun der Gesichtspunkt hinzu, daß die Privatangestellten, die Kreise, die man mit diesem Wort bezeichnet, keineswegs eine so einheitliche Gruppe von Personen bilden, wie man das auf den ersten Blick annehmen sollte. Es kommen da außerordentlich große Unterschiede in Betracht. Man denke nur an die Direktoren der großen Gesellschaften, deren Prokuristen, an die Oberingenieure, an die Techniker, dann andererseits an die Kommis der kaufmännischen Geschäfte, an die Kopisten, an die Adressenschreiber — das sind außerordentlich große Unterschiede, die die Frage aufwerfen lassen, ob es denn richtig ist, für so verschiedenartige Personenkreise noch eine besondere Versicherung neben der Arbeiterversicherung zu schaffen. Es kommt weiter der Gesichtspunkt in Betracht, ob es sozial zu rechtfertigen ist, für diese skizzierten Angestelltenkreise eine Sonderversicherung mit weit höheren Leistungen zu gewähren als für die Arbeiterkreise. Nun muß ich persönlich gestehen, daß ich diesen Einwand nicht für zu schwerwiegend halte, wenn ich auch die Berechtigung zugeben will. Er wäre zweifellos durchschlagend, wenn das Reich Zuschüsse leisten müßte in ähnlicher Weise wie für die Invalidenversicherung. Das ist aber nach der Vorlage nicht der Fall; nicht allein, daß keinerlei Reichszuschuß gezahlt wird für die Renten, die die Versicherung gewähren soll, sondern es wird nicht einmal für die Verwaltungskosten ein Betrag gezahlt, das Reich zahlt nicht einmal die Gehälter für die Beamten, die vom Reich selbst angestellt werden, sondern alles und jedes soll von den Arbeitgebern und Angestellten gezahlt werden; selbst bei den Verauslagungen der Post für die Auszahlung der Renten ist vorgesehen, daß nicht nur die Verzinsung, sondern auch die Mühewaltung ebenfalls aus der Versicherung vergütet werden soll. Also dieser Gesichtspunkt der sozialen Bevorzugung scheint mir mit Rücksicht auf die Art, wie die Versicherung gedacht ist, nicht direkt ausschlaggebend zu sein. Immerhin ist er insofern berechtigt, als durch diese Versicherung ein

Zwang ausgesprochen werden soll — ein Zwang, der nicht nur die Angestellten zu Beiträgen veranlaßt, sondern auch die Arbeitgeber, ohne daß sie selbst doch aus dieser Versicherung irgendwelchen Nutzen haben, abgesehen von der freiwilligen Versicherung, auf die ich ja noch komme; aber jedenfalls müssen sie zwangsweise Beiträge zahlen für eine Versicherung, die anderen zugute kommt.

Nun werden andererseits gegen den Anschluß an die Invalidenversicherung in der Denkschrift der Regierung eine Reihe von Gründen vorgebracht. Der erste Einwand — er kommt nur in der sogenannten zweiten Denkschrift der Regierung vor —, ist der, daß durch den Ausbau der Invalidenversicherung eine starke Verzögerung entstehen werde. Die Herren hatten es so eilig, daß sie die Reichsversicherungsordnung nicht abwarten konnten. Nun, das ist ja schon durch die Tatsache überholt, daß wir die Reichsversicherungsordnung noch früher bekommen haben.

Der erste sachliche Grund ist, daß durch Anfügung neuer Lohnklassen ein Mißverhältnis in der Invalidenversicherung entstehen würde zwischen Leistung und Beiträgen. Dieses Mißverhältnis habe seinen Grund in dem natürlichen Umstande, daß der Angestellte mit einem kleinen Gehalt anfängt und allmählich zu einem höheren Gehalt aufsteigt, und daß die Berechnung der Rente nur nach den letzten 500 Wochenbeiträgen erfolgt; es würde bei dieser Spannung zwischen Anfangs- und Endgehalt den Renten der Versicherten nicht eine entsprechende Summe von Beiträgen gegenüberstehen.

Dann wird als zweiter Hauptgrund geltend gemacht, daß im Rahmen der Invalidenversicherung den weitergehenden Ansprüchen der Angestellten nicht Rechnung getragen werden könne. Diese weitergehenden Ansprüche bestehen erstens in der Forderung, daß nicht die allgemeine Invalidität berücksichtigt werden soll, sondern die sogenannte Berufsinvalidität, und die Denkschrift führt aus: wenn man den Begriff der Berufsinvalidität übertragen würde auf die allgemeine Invalidenversicherung, so würde das eine Gesamtmehrbelastung von ungefähr 200 Millionen Mark ergeben. Nun muß ich offen bekennen, daß mir dieser Unterschied, der zwischen dem allgemeinen Invaliditätsbegriff und der sogenannten Berufsinvalidität liegen soll, bis heute noch nicht klar geworden ist. Auf die Gefahr hin, daß mein Begriffsvermögen sehr gering eingeschätzt wird, muß ich das erklären. Ich will das aber auch begründen, indem ich diese beiden Begriffe vorlese aus dem Invalidenversicherungsgesetz und aus dem neuen Gesetzentwurf. Bei der Invalidenversicherung heißt es: „Invalidenrente erhält, wer nicht mehr imstande ist, durch eine seinen Kräften und Fähigkeiten entsprechende Tätigkeit, die ihm unter billiger Berücksichtigung seiner Ausbildung und seines bisherigen Berufes zugemutet werden kann, ein Drittel desjenigen zu erwerben, was körperlich und geistig gesunde Personen derselben Art mit ähnlicher Ausbildung in derselben Gegend durch Arbeit zu verdienen pflegen." Das ist meines Erachtens, wenn man sich an den Text hält, der Begriff einer Berufsinvalidität, und die Rechtsprechung des Reichsversicherungsamtes, soweit sie mir bekannt ist, stimmt damit ganz überein; das Reichsversicherungsamt hat beispielsweise ausgesprochen, daß einem Werkmeister nicht angesonnen werden kann, als Arbeiter etwas zu verdienen, einem Schreiber könne nicht angesonnen werden, Handarbeit zu leisten. Hieraus ergibt sich, daß nicht nur nach dem Text, sondern auch nach der Rechtsprechung des Reichsversicherungsamtes doch in hohem Maße die Berufsinvalidität angenommen wird. Nun, wie lautet der Passus nach dem neuen Gesetzenwurf? Da heißt es: „Ruhegeld erhält, wer durch körperliche Gebrechen oder wegen Schwäche seiner körperlichen und geistigen Kräfte zur Ausübung seines Berufes dauernd unfähig ist. Berufsinvalidität ist dann anzunehmen, wenn seine Arbeitsfähigkeit auf die Hälfte eines körperlich und geistig gesunden Versicherten von ähnlicher Ausbildung und gleichwertigen Kenntnissen und Fähigkeiten herabgesunken ist." Der Unterschied liegt, abgesehen vom Prozentsatz, auf den ich noch kommen werde, darin, daß in diesem Begriff von „gleichwertigen Kenntnissen" gesprochen ist, während oben gesagt ist „von Kräften und Fähigkeiten", und dann von billiger Berücksichtigung der Ausübung seines bisherigen Berufs; es wird noch weiter gesagt „in derselben Gegend", was hier fehlt. Wenn man alles in allem nimmt — der Wortlaut ist ja verschieden — muß ich gestehen, ich kann einen Unterschied nicht finden, irgendeinen wesentlichen Unterschied. (Sehr richtig!) Es wird mir sehr interessant sein, nachher zu hören, worin denn eigentlich dieser Unterschied gefunden wird.

Dann wird in der Denkschrift als Grund gegen den Ausbau der Invalidenversicherung angeführt, daß die Angestellten schon beim Vorhandensein eines höheren Maßes von Arbeitsfähigkeit eine Rente haben sollen, nämlich, wenn sie nicht mehr imstande sind, die Hälfte des Normalen zu verdienen, während bei der allgemeinen Invalidenversicherung dieser Prozentsatz 33 1/3 pCt. beträgt. Das ist zweifellos ein recht wesentlicher Unterschied.

Eine weitere Forderung besteht in der Herabsetzung der Altersgrenze, und zwar dahin, daß die Rente schon gewährt werden soll vom 65. Lebensjahre an, statt vom 70. nach den Bestimmungen des

Invalidenversicherungsgesetzes, und die Denkschrift sagt, daß, wenn man diese Forderung auf die allgemeine Invalidenversicherung überträgt, eine Mehrbelastung von 40 Millionen jährlich entstehen würde.

Dann werden von den Angestellten verlangt: höhere Witwen- und Waisenrenten, als nach der Reichsversicherungsordnung vorgesehen sind; vor allem wird verlangt, daß eine Rente nicht nur den invaliden Witwen, sondern jeder Witwe eines Versicherten gegeben wird.

Was nun die einzelnen Gründe betrifft, so läßt sich mancherlei dagegen einwenden. Zunächst ist ja wohl anzuerkennen, daß ein Mißverhältnis zwischen Leistungen und Beiträgen entstehen wird, wenn man die Rente in derselben Weise berechnet, wie es nach den jetzigen Bestimmungen des Invalidenversicherungsgesetzes verlangt wird. Aber man kann doch die Frage aufwerfen: ist es denn nicht möglich, diese Berechnung zu ändern; entweder ganz allgemein für die Invalidenversicherung oder von einer bestimmten Gehaltsgrenze ab? Was steht dem entgegen? Zweifellos wird, wenn man die Rente in der Invalidenversicherung nach dem Gesamtdurchschnitt der Beiträge berechnet, dieser Durchschnitt auch allgemein zu geringeren Renten führen. Dann müßte man eben dazu übergehen, daß man einen Ausgleich schafft, indem man die Basis, möchte ich sagen, von welcher die Rentenberechnung ausgeht, erhöht.

Unbedingt anzuerkennen ist, daß sich im Rahmen der Invalidenversicherung alle Ansprüche, von denen ich gesprochen habe, die weitergehenden Ansprüche der Angestellten, nicht verwirklichen lassen. Das wird ohne weiteres von jedermann zugegeben werden müssen. Aber zunächst habe ich schon darauf hingewiesen, daß mir der Einwand mit der Berufsinvalidität zunächst nicht einleuchten will, weil ich die Verschiedenheit der beiden Invaliditätsbegriffe vorläufig nicht einsehe. Was dann die Forderung der Herabsetzung der Altersgrenze vom 70. auf das 65. Jahr betrifft, so wird sie in den Angestelltenkreisen meistens damit motiviert, daß die Privatangestellten einer früheren Invalidität ausgesetzt seien als die Arbeiterkreise. Da ist es nun doch interessant, daß die Denkschrift zur Regierungsvorlage offenbar den entgegengesetzten Standpunkt einnimmt. Denn in dieser Denkschrift wird Seite 104 gesagt, daß die Arbeitskraft der Angestellten infolge besserer Lebensverhältnisse und verhältnismäßig geringerer körperlicher Anstrengung von längerer Dauer ist als die der Arbeiter, und das ist ein Gesichtspunkt, der mir auch einleuchten will. Ich kenne die Statistiken in dieser Hinsicht nicht, aber diese Gründe, die in der Regierungsvorlage angegeben sind, erscheinen mir durchaus einleuchtend.

Nun kann man aber zu den verschiedenen Mehrforderungen doch auch die Stellung einnehmen: ist es denn möglich, alle diese Forderungen zu berücksichtigen? Ist es aus allgemeinen Gründen angängig, aus allgemeinen sozialpolitischen Gründen und aus Schonung der Arbeitgeber und Angestellten selbst? Wenn man sich die Leistungen der vorliegenden Versicherung ansieht, so muß ich sagen, der Gesichtspunkt erscheint mir nicht durchschlagend: nur auf diesem Wege könne eine ausreichende Fürsorge für die Angestellten erreicht werden; denn diese Fürsorge, wie sie der Entwurf bietet, wird von den Privatangestellten als eine ausreichende Fürsorge, ich meine in dem Sinne, wie man von einer Fürsorge für die Staatsbeamten spricht, nicht angesehen werden können. Das muß man ganz objektiv zugeben. Ich habe leider die Berechnungen nicht in mehreren Exemplaren hier, ich hatte mich auf eine solche große Sitzung nicht vorbereitet. Ich mache aber darauf aufmerksam, daß mir die Berechnungen der Regierung nicht zutreffend zu sein scheinen, weil sie theoretischer Natur sind und mit der Praxis sehr wenig zu tun haben. In der Denkschrift der Regierung wird nämlich gesagt: In der Gehaltsklasse wird die Rente nach 10 Jahren soviel betragen, nach 20 Jahren soviel, nach 30 Jahren soviel und nach 40 Jahren soviel. Das ist doch Theorie; in der Praxis befindet sich doch der Angestellte nicht in einer bestimmten Gehaltsklasse. Er steigt von einem kleinen Gehalt auf zu einem größeren. Ich habe hier die Berechnung für einen gutgestellten Privatbeamten. Mit dem 16. Lebensjahr fängt die Versicherung an. In den ersten drei Jahren bezieht er durchschnittlich 360 M., — in den nächsten drei Jahren durchschnittlich 1800 M., in den nächsten vier Jahren durchschnittlich 2400 M., in den nächsten fünf Jahren 3000 M., dann zehn Jahre lang 4000 M. und dann vom 41. Lebensjahr an 5000 M. Ich habe das Leuten der Praxis vorgelegt, Prinzipalen, und die haben mir bestätigt, daß das ungefähr die Entwickelung des Gehalts bei einem gutgestellten Privatbeamten darstellt. Der bekommt also nach 10 Jahren ein Gehalt von 2400 M. — das Ruhegehalt würde betragen 259,25 M., das sind 11 pCt.! Die Witwe würde bekommen 103,70 M. jährlich; die Waisen würden bekommen 20,74 M. jährlich! Nach 25 Jahren, wenn der Angestellte 4000 M. Gehalt hat, würde er 683 M. bekommen, das sind 17 pCt.; die Witwe würde 273 M. bekommen, die Waisen würden 54 M. bekommen. Und nach 50 jähriger Dienstzeit, wenn er ein Gehalt von 5000 M. oder mehr bekommt — bis 5000 M. soll ja nur die Versicherung gelten, er kann sie aber fortsetzen; also sagen wir im Durchschnitt 5000 M. —, da würde die Rente 1681 M. betragen, das wären 33 pCt.; die Witwe würde 672 M. bekommen — eines Angestellten, der 5000 M. Gehalt bezogen hat! Ich will ja die Sache nicht schlecht machen, wenn ich mich eines vulgären Ausdrucks bedienen darf, aber man muß sich doch klar werden an der Hand von praktischen Beispielen: wie ist es denn wirklich mit der Leistung, und wird denn auf diesem Wege das erreicht, was man eine ausreichende Fürsorge nennt?

Ich komme also zu dem Ergebnis, das ist keine ausreichende Fürsorge in dem Sinne, und infolgedessen schwächt sich bei mir das Argument, das man hier für diese Lösung der Regierungsvorlage ins Feld führt, daß nur auf diesem Wege eine ausreichende Fürsorge möglich sei, doch außerordentlich ab. Um so mehr gewinnt dann aber das Argument an Bedeutung: dann wollen wir doch lieber einmal sehen, was sich auf dem Wege des Ausbaus der Invalidenversicherung erreichen läßt, denn wenn das schon nicht ausreicht und solche enormen Lasten verursacht für Arbeitnehmer und Arbeitgeber, dann begnügt man sich doch vielleicht mit einer einfachen Sache, die alle die Schäden nicht enthält.

Nun muß ich aber offen bekennen — wir sind ja hier zur gegenseitigen Belehrung da, und deshalb gestehe ich auch die Schwächen meiner Argumentierung offen ein —: mir fehlt bis jetzt die rechnerische Grundlage, wie bei einem Ausbau der Invalidenversicherung die Sache wirken wird, welche Beiträge notwendig sind, welche Leistungen ermöglicht werden und namentlich, welche Ausfälle entstehen werden. Ich mache nämlich darauf aufmerksam: bei der jetzigen Invalidenversicherung wird die Leistungsfähigkeit wesentlich auch dadurch gehoben, daß ein sehr großer Prozentsatz der Versicherten ihre Versicherung verfallen läßt; es sind nach der Denkschrift sogar 20 pCt., und das macht einen sehr hohen Betrag aus, der den anderen Versicherten zugute kommt. Werden weitere Lohnklassen angefügt, dann wird sich die Zahl dieser Ausscheidenden wesentlich vermindern, also die Belastung wesentlich höher werden. Das sind für mich offene Fragen, und es würde mich freuen, wenn diese Fragen zu einer befriedigenden Klärung kommen könnten.

Die zweite Möglichkeit der Lösung ist die Herausnahme der Privatangestellten aus der allgemeinen Invalidenversicherung und die Errichtung einer besonderen Versicherung. Dafür spricht, daß, wenn auch nicht die Einheitlichkeit der Versicherung erhalten bleibt, doch dieselben Personenkreise nur bei einer Versicherung versichert sind. Was das zu bedeuten hat, dafür ein Beispiel. Wenn die Lösung der Regierungsvorlage gewählt wird, dann steht sich derjenige Versicherte, der in beiden Versicherungen versichert ist, außerordentlich viel besser als derjenige, der nur in der Sonderversicherung ist, also über 2000 M. Gehalt hat. Bei ihm summiert sich die Rente, die er aus der Invalidenversicherung bekommt, zu der Rente, die er aus der Angestelltenversicherung bekommt. Ich will das auch an ein paar Beispielen zeigen. Ich habe einen Beamten, der steigt von 360 M. allmählich auf 2100 M. Der bekommt nun nach 10 Jahren — ich rechne sofort alles zusammen — bereits $24 \frac{1}{2}$ pCt. Rente — bei obigem Beispiel habe ich Ihnen 11 pCt. genannt —, nach 25 Jahren schon 34,6 pCt., und nach 50 Jahren bekommt er 66 pCt.; das ist die Rente, die ein Staatsbeamter bekommt. Also der steht außerordentlich viel günstiger, und ich muß sagen, das ist mir eigentlich auch ein Stein des Anstoßes, daß ein solcher großer Kontrast sich ergibt. Ich werde vielleicht nachher den Herren die Berechnung zur Nachprüfung vorlegen; aber das ist jedenfalls ein ganz enormer Kontrast, für den ich, möchte ich sagen, keine Rechtfertigung habe. Außerdem wäre es sehr wünschenswert, einmal hier die Frage näher zu ventilieren, wie es denn kommt, daß bei den geringen Beiträgen der Invalidenversicherung doch verhältnismäßig so hohe Leistungen möglich sind, und bei diesen außerordentlich hohen Beiträgen zur Privatangestelltenversicherung die Leistungen verhältnismäßig so gering sind. Ich kenne natürlich die Unterschiede in den Risiken; aber sie scheinen mir nicht genügend, um diese außerordentliche Differenz zu erklären. Auf der anderen Seite wird von Versicherungsmathematikern gesagt, daß auch die Beiträge, die hier in der Denkschrift genannt sind, noch nicht einmal ausreichen werden für die Leistungen, die die Versicherung in Aussicht gestellt hat. Das ist für mich eine ungelöste Frage und hoffentlich werden die auf diesem Gebiet sachverständigen Herren uns da eine Klärung bringen.

Also die zweite Lösung ist die der Herausnahme der Privatangestellten aus der Invalidenversicherung. Man hätte dann nur eine Versicherung für dieselben Personenkreise. Man könnte die Versicherung anpassen an die Bedürfnisse, könnte Leistung und Gegenleistung in ein gutes Verhältnis bringen, und es würde vermieden eine Vermischung verschiedenartiger Risiken. Die Gegengründe der Regierung sind ja nicht ohne weiteres von der Hand zu weisen. Zunächst macht sie darauf aufmerksam, daß das einen Verlust des Reichszuschusses von 50 M. bedeuten würde, und es ist ja zuzugeben, daß man bei höheren Gehältern Bedenken tragen muß, einen Reichszuschuß zu gewähren. Dann wird angeführt das Mißverhältnis zwischen den nach dem Invalidenversicherungsgesetz erworbenen Ansprüchen und den aus der neuen Angestelltenversicherung. Es besteht zweifellos ein wesentlicher Unterschied zwischen den Leistungen und Beiträgen bei der Invalidenversicherung und der Angestelltenversicherung, und bei einem Uebertritt der Versicherten aus einer in eine andere Kasse werden sich ja gewiß erhebliche Schwierigkeiten ergeben. Drittens wird gesagt, daß sich eine erhebliche Gefährdung der Invalidenversicherungsanstalten durch das Ausscheiden so vieler Personen ergeben würde.

Nun läßt sich hiergegen auch verschiedenes einwenden. Zunächst was den Reichszuschuß betrifft, so kann dieser Einwand nicht als stichhaltig angesehen werden. Man kann ja den Reichszuschuß einfach beschränken auf die Personenkreise und auf den Gehaltsrahmen, der der Invalidenversicherung zugrunde liegt, also auf die Personen, die kein höheres Gehalt als 2000 M. bekommen. Was die Frage der Berufsinvalidität anlangt, so habe ich schon vorhin geäußert, darin sehe ich keine durchgreifende Schwierigkeit, das müßte erst nachgewiesen werden. Was den zweiten Grund anbetrifft, das Verhältnis bei einem Uebergang aus der einen Versicherung in die andere, so glaube ich, läßt sich da doch auch rechnungsmäßig eine Lösung finden, möchte aber diese Frage den mehr sachverständigen Herren, den versicherungsmathematisch sachverständigen Herren zur Erwägung geben. Der dritte Grund scheint mir der Hauptgrund zu sein, nämlich die Gefährdung der Invalidenversicherungsanstalten; diesen halte ich nicht für durchschlagend. Die Regierungsdenkschrift sagt zwar, es würden Personen ausscheiden, die einen verhältnismäßig geringeren Versicherungsaufwand verursachen als die übrigen Versicherten. Das wäre doch kein Grund, dagegen zu sein; denn man kann doch nicht ohne weiteres sagen, daß eine Verpflichtung für die Privatangestellten besteht, das Risiko der anderen Versicherten mitzudecken. Die Privatangestellten können wohl verlangen, daß, wenn schon eine besondere Versicherung für sie eingerichtet wird, das Risiko der gesamten Versicherung auf sie beschränkt wird und sie nicht auch für andere mitzutragen haben. Und daß die Leistungsfähigkeit der Versicherungsanstalten gefährdet sein soll, kann man nicht annehmen, da die Privatangestellten nur 10 pCt. aller Versicherten ausmachen.

Nun kommt die dritte Lösung, die Sonderanstalt neben der Versicherungsanstalt. Das ist der Weg, der hier vorgeschlagen wird, ein Weg, der dazu führen wird, daß zwei Drittel der Privatangestellten nicht allein dieser Privatangestelltenversicherung, sondern auch der allgemeinen unterliegen. Die Denkschrift erwägt die Frage, ob diese

Versicherung den Trägern der Invalidenversicherung anzuschließen ist; sie verneint das, und zwar aus Gründen, die mir zutreffend erscheinen. Sie sagt: die Regierungsvorlage enthält doch ein ganz anderes Risiko als die Invalidenversicherung, ganz andere Beiträge und Leistungen, und man würde so dazu kommen müssen, Abteilungen bei den einzelnen Versicherungsanstalten zu errichten; es würde also doch doppelte Arbeit entstehen und nur eine Art Personalunion vorhanden sein, bei der von einer wesentlichen Ersparnis kaum gesprochen werden könnte. Es würde weiter eine ungleiche Verteilung der Versicherten auf die einzelnen Anstalten entstehen; das ist auch zutreffend. Und drittens: es würde eine komplizierte Verrechnung zwischen den 41 Versicherungsträgern notwendig werden. Das ist auch richtig, denn der Wohnortwechsel ist bei den Angestellten ein sehr großer, und es würde ein fortwährendes Hin- und Herschieben der Versicherten von der einen in die andere Versicherungsanstalt stattfinden. Der letzte Grund scheint mir am wenigsten stichhaltig: die Versicherungsanstalten hätten schon jetzt genug zu tun. Nun, ich meine, wenn die Angliederung an sich zweckmäßig ist, würde sich doch ein Weg finden lassen, um die Arbeiten entsprechend zu verteilen; es giebt ja Aemter, die noch mehr zu tun haben als die Versicherungsanstalten.

Damit glaube ich die allgemeinen Fragen der Organisation erledigt zu haben, wobei ich die Lückenhaftigkeit meiner Ausführungen durchaus anerkenne. Aber dazu ist die Besprechung da, um diese Lücken auszufüllen.

Was die Organisation im einzelnen betrifft, so schlägt der Entwurf vor, eine einzige Reichsversicherungsanstalt zu errichten mit einem Direktorium, dessen Aufgabe die eigentliche Führung der Geschäfte sein soll und das unter Aufsicht des Reichsamts des Innern steht. Es besteht aus einem Vorsitzenden und Mitgliedern, die vom Kaiser auf Lebenszeit ernannt werden, und aus anderen Beamten, die das Reichsamt des Innern ernennt. Dann besteht ein Verwaltungsrat, der die Aufgabe haben soll, das Direktorium auf Erfordern bei der Vorbereitung wichtiger Beschlüsse gutachtlich zu beraten, insbesondere ist er zu hören über die Jahresrechnung und Bilanz, den Besoldungs- und Pensionsetat, die Besetzung von Stellen im Direktorium außer der des Präsidenten, und den Erwerb und die Veräußerung von Grundstücken. Der Verwaltungsrat besteht aus einem Vorsitzenden, das ist der Präsident des Direktoriums, und aus Vertretern der Arbeitgeber und der Angestellten, je 25; jeder soll zwei Ersatzmänner haben, das sind 150 ehrenamtliche Stellen. Es sollen auch Frauen wählbar sein. Ein weiteres Organ ist der Verwaltungsausschuß; seine

Aufgabe soll sein, die Verwaltung der Reichsversicherungsanstalt fortlaufend zu beaufsichtigen; die Mitglieder sind berechtigt, allen Sitzungen des Direktoriums mit beratender Stimme beizuwohnen, in Anwesenheit eines Mitgliedes des Direktoriums vom Gang der Geschäfte Kenntnis zu nehmen, Bücher einzusehen, Kassenrevisionen beizuwohnen. Er besteht aus je zwei vom Verwaltungsrat aus seiner Mitte gewählten Arbeitgebern und Versicherten; jeder hat zwei Ersatzmänner, es sind also sechs Ehrenämter. Weitere Organe sind die Rentenausschüsse, mit der Aufgabe, die Entschädigung festzusetzen, ein Heilverfahren zu beantragen und Auskunft zu geben. Es können ihnen außerdem von der Reichsversicherungsanstalt noch mancherlei andere Befugnisse übertragen werden, wie die Kontrolle über die Ruhegeldempfänger und über die Entrichtung der Beiträge. Die Denkschrift spricht von zunächst einer Stelle, der allmählich nach Bedarf weitere folgen sollen, und man kann wohl annehmen, daß daran gedacht ist, für den Bezirk jeder Invalidenversicherungsanstalt einen Rentenausschuß zu bilden. Das sind 31 Rentenausschüsse. Dieser Rentenausschuß würde bestehen aus dem Vorsitzenden und seinem Stellvertreter, die wieder vom Reichsamt des Innern ernannt werden; dann aus Beisitzern, je zur Hälfte Arbeitgeber und Arbeitnehmer, mindestens je zehn, das wären bei 31 Versicherungsanstalten 620 Ehrenämter. Die Wahl geschieht durch die beiderseitigen Vertrauensmänner; wählbar sollen hier merkwürdigerweise nur die Männer sein. (Geheimrat Koch: Wegen der Rechtsprechung!) Die Vergütung soll bestehen in der Erstattung der Barauslagen und in einem Bauschbetrag für den entgangenen Arbeitsverdienst und Zeitverlust. Bei den Ausschüssen sind natürlich noch Hilfsbeamte notwendig. Die letzten Organe sind die Vertrauensmänner. Die sollen in erster Linie als Wahlkörper fungieren. Es können ihnen dann noch bestimmte Obliegenheiten übertragen werden; sie sollen auch ohne Auftrag, wie es heißt, alle ihnen bekanntgewordenen Tatsachen mitteilen, die für den Rentenausschuß von Bedeutung sind. Man denkt auch daran, sie bei der Unterbringung von Hypotheken in Anspruch zu nehmen. Aber ich glaube, die Herren werden sich davon überzeugen, daß diese Materie nicht geeignet ist, von irgendeinem Laien behandelt zu werden, denn sie setzt sehr sorgfältige Erkundigungen und ein sehr großes Maß von Einsicht in die geschäftlichen Verhältnisse voraus. Ich glaube, wenn man ihnen das übertragen würde, so würde die Versicherungsanstalt sehr üble Erfahrungen machen. Gewählt werden diese Vertrauensmänner auf Grund der Verhältniswahl. Die Versicherten benutzen als Ausweis ihre Versicherungskarte, die Arbeitgeber eine von der Ortsbehörde besonders auszustellende Bescheinigung —

eine nicht gerade zur Vereinfachung des Schreibwerks dienende Bestimmung. Die Vertrauensmänner erhalten die Barauslagen erstattet, in besonderen Fällen bekommen sie eine Entschädigung für Zeitverlust.

Meine Herren, ich meine, man soll sich bei Beurteilung dieser Einrichtungen vor allem von Schlagworten freihalten, von den Schlagworten Bureaukratie und Selbstverwaltung. Die Frage, wie eine Verwaltung einzurichten ist, ist eine reine Zweckmäßigkeitsfrage. Ich kann mir eine Verwaltung denken, bei der eine bureaukratische Einrichtung durchaus das richtige ist, und eine andere, bei der eine Selbstverwaltung das richtige ist; wir haben auch für beide Systeme Beispiele: die Invalidenversicherung, die im wesentlichen eine rein bureaukratische Verwaltung hat — ich denke, das kann man auch in Gegenwart der Herren Regierungsvertreter sagen —, während bei der Unfallversicherung die Selbstverwaltung durchgeführt ist. Ich glaube, beides hat seine Berechtigung. Denn bei der Invalidenversicherung — was soll da eine ausgedehnte Selbstverwaltung? Es kommen rein verwaltungstechnische Fragen in Betracht, und zweitens die Fragen der Entschädigung, in diesen ist der Arzt eigentlich die ausschlaggebende Instanz, die Beisitzer haben recht wenig dabei zu sagen; man könnte deshalb vielleicht sogar dazu übergehen, auf die Heranziehung der Arbeitgeber und Arbeitnehmer gänzlich zu verzichten. Bei der Unfallversicherung spielt eine große Zahl wirtschaftlicher und technischer Fragen eine Rolle; ich erinnere nur an die Unfallverhütung und die Abschätzung der Invalidität nach dem Berufsverhältnis des Betreffenden. Das sind Dinge, bei denen das Sachverständnis der unmittelbar Beteiligten sehr Gutes wirken kann; und die Denkschrift — nicht diese, die zur Reichsversicherungsordnung — spricht ja auch aus, daß die Selbstverwaltung bei der Unfallversicherung sich sehr gut bewährt habe und man ohne sie nicht auskomme. Betrachte ich nun die Vorlage, so scheint mir, an sich sollte der Verwaltungsapparat ein mehr bureaukratischer sein; aber damit ist nicht gesagt, daß die Beteiligten auf jede Mitwirkung verzichten müssen. Der Entwurf geht von dem Grundsatz aus, die Beteiligten haben nur zu zahlen und nichts zu sagen. Selbst der Verwaltungsrat hat nicht eine einzige beschließende Befugnis. Er ist auf Erfordern zu hören, aber daß irgendwie seine Stimme ausschlaggebend ins Gewicht fällt, das ist nicht vorgesehen. Hier muß entschieden Remedur eintreten; es muß eine beschließende Mitwirkung eingeführt werden, insbesondere bezüglich der Jahresrechnung und der Bilanz, des Besoldungs- und Pensionsetats und des Erwerbs und der Veräußerung von Grundstücken. Die Bestimmung, daß in bezug auf die Besetzung von Stellen im

Direktorium der Verwaltungsrat eine Befugnis haben soll, halte ich dagegen nicht für begründet. Ich habe den Eindruck, daß man in der Denkschrift selbst empfunden hat, daß der Verwaltungsrat eine sehr dürftige Existenz hat, und diese Lücke hat man auszufüllen gesucht mit ein paar Befugnissen, die aber in der Praxis nicht viel zu bedeuten haben. Ich bin also auf der einen Seite der Meinung, man könnte den eigentlichen Verwaltungsapparat noch etwas bureaukratischer gestalten, aber die Selbstbestimmung der Beteiligten doch in energischer Weise betonen.

Was den Verwaltungsausschuß betrifft, der ja ein Kontrollorgan ist, so bin ich mit dessen Funktionen im allgemeinen einverstanden. Wenn er einen Einblick in die Geschäfte hat und fortgesetzt kontrollieren kann, dann ist das eine ganz nützliche Einrichtung. Er kann den Verwaltungsrat informieren, während dieser sonst lediglich auf die Information des Direktoriums angewiesen ist; ob allerdings in der Praxis sich diese Einrichtung bewähren wird, ist mir zweifelhaft. Vor allem gehört recht viel Zeit dazu, und ob Angestellte, die im Beruf stehen, aber auch Arbeitgeber die entsprechende Zeit haben werden, ist mir fraglich. (Sehr richtig!) Jedenfalls müßte man ihnen eine entsprechende Entschädigung geben.

Die Zuziehung von Beisitzern zur Rentenfeststellung halte ich für ziemlich überflüssig. Nach dem Entwurf sollen die Beisitzer mitwirken bei der Gewährung von Invalidenrenten, also bei der Beurteilung der Frage, ob ein Versicherter berufsunfähig ist. Nun muß ich sagen, ob eine Berufsinvalidität vorliegt, dafür wird, wie bei der Invalidenversicherung, tatsächlich im wesentlichen das ärztliche Gutachten ausschlaggebend sein.

Das große Institut der Vertrauensmänner möchte ich ganz beseitigt haben, wenn sich ein geeigneter Weg finden läßt, um ihre Funktionen als Wahlkörper auf andere Weise wahrnehmen zu lassen. Ich gebe die Schwierigkeit zu; aber die Arbeitgeber könnte man vielleicht durch die gesetzlichen Interessenvertretungen wählen lassen, und für die Arbeitervertreter findet sich vielleicht auch ein Weg. Jedenfalls ist es mir sehr unsympathisch, daß man einen Apparat von 20 bis 30 000 Vertrauensmännern einrichtet (Geheimrat Koch: 6000!) — ich erlaube mir, die Rechnung selbst aufzumachen; es ist gedacht, daß sechs Vertreter für jeden unteren Verwaltungsbezirk und für jeden Vertrauensmann zwei Ersatzmänner gewählt werden. Das sind 18; für größere Bezirke sind noch mehr Vertrauensmänner vorgesehen; wir haben sodann über 1200 untere Verwaltungsbehörden. Es kommen also etwa 20 bis 30 000 Aemter heraus. Diesen Apparat einzuschieben, nur um durch ihn Wahlen vornehmen zu lassen, denn das andere ist nur Beiwerk, das für die Praxis keine Bedeutung hat — das ist mir sehr unsympathisch.

Damit bin ich im wesentlichen mit dieser Frage der Organisation zu Ende. Ich gebe dem Herrn Vorsitzenden anheim — — —

Vorsitzender: Da wir doch schon soweit sind, ist es vielleicht zweckmäßig, Sie referieren zu Ende, und wir trennen die Abschnitte nachher bei der Besprechung.

Direktor **Meesmann:** Ich kann mich jetzt auch sehr kurz fassen. Zunächst handelt es sich in meinem Referat weiter um den ersten Abschnitt: Umfang der Versicherung. Der Personenkreis ist in § 1 skizziert; aber nicht in einer durchaus klaren Weise; denn was zu verstehen ist unter Angestellten „in leitender Stellung", ist schon eine zweifelhafte Frage. Noch unbestimmter ist der Satz: „Betriebsbeamte, Werkmeister und andere Angestellte in einer ähnlich gehobenen oder höheren Stellung ohne Rücksicht auf ihre Vorbildung." Es ist schon angefragt worden, ob die Bureaubeamten der Rechtsanwälte unter diese Definition fallen; im Reichsamte soll die Frage bejaht worden sein. Ich halte aber die Versicherung für ausgeschlossen, denn von einem Schreiber im Rechtsanwaltsbureau kann man doch nicht sagen, daß er in gehobener Stellung sich befindet. Wie man darunter diese Bureauarbeiter begreifen kann, ist mir unverständlich. Die Bureauvorsteher werden ja jedenfalls versicherungspflichtig sein, aber das übrige Bureaupersonal kann nicht darunter verstanden werden.

Wie steht es ferner mit der großen Klasse der Monteure? Diese Leute sind an und für sich Arbeiter. Es gibt unter ihnen aber die verschiedensten Kategorien. In einer Maschinenfabrik oder in einer Eisenkonstruktionswerkstätte gibt es Leute, die auf dem Niveau eines einfachen Arbeiters stehen, nach ihren Talenten, ihrer Geschicklichkeit werden sie aber zu besseren Arbeiten verwendet; da wird ihnen auch einmal ein Hilfsarbeiter beigegeben, auch ein paar Hilfsarbeiter — wo fängt dann der Werkmeister an und wo hört der Arbeiter auf? Da werden ganz außerordentliche Schwierigkeiten entstehen.

Dann wird als Merkmal das Entgelt angeführt. Es wird sich fragen, ob die Lehrlinge, die Taschengeld erhalten, versicherungspflichtig sind. In § 7 heißt es: Die nur Beköstigung erhalten, sind nicht versicherungsverpflichtig; aber der Fall kommt sehr häufig vor, daß der Lehrling 10—20—30 M. monatlich bekommt, und es steht in dem Belieben des Arbeitgebers, diesen Betrag als Taschengeld oder als Gehalt zu bezeichnen.

Mit der Gehaltsgrenze von 5000 M. kommen wir zu einer der umstrittensten Fragen; ich gebe ohne weiteres zu: es ist eine sehr schwierige Sache, die Grenze von 5000 M. durchzuführen. So sehr es sozialpolitisch berechtigt ist, so groß sind die Schwierigkeiten nachher in der Praxis. Man denke nur an die auf wechselndes Einkommen angewiesenen Angestellten, die auf Tantiemen angewiesenen; bezüglich dieser heißt es in dem Gesetzentwurf in § 17: „bei schwankendem Einkommen wird der Betrag des vorhergehenden Jahres zugrunde gelegt". Es kann aber das Einkommen von Jahr zu Jahr schwanken. (Geheimrat Koch: Es wird eben das Vorjahr genommen!) Ja, wenn der Beamte aber über 5000 M. steigt, dann entsteht sofort die Frage, ob er ausscheiden oder die Versicherung freiwillig fortsetzen soll. Der Arbeitgeberzuschuß hängt ja auch hiermit sehr wesentlich zusammen. Es wird also häufig in der Praxis vorkommen, daß ein Beamter einmal versicherungspflichtig ist, ein anderes Mal nicht — das führt zu großen Mißhelligkeiten. Ob es berechtigt ist, die im Staatsdienst vorübergehend beschäftigten Beamten aus der Versicherung auszuscheiden, ist auch eine sehr zweifelhafte Sache, namentlich, wenn man berücksichtigt, daß es im Staatsdienst — bei uns in Hessen ist es so — Beamte gibt, die 20—25 Jahre „vorübergehend" beschäftigt sind. (Heiterkeit.)

Dann kommen wir zu der wichtigen Frage der freiwilligen Versicherung; von ihr sollen nur Gebrauch machen können diejenigen, die schon der Versicherungspflicht unterlagen und die wenigstens 60 Monatsbeiträge gezahlt haben. Wer 120 Monatsbeiträge gezahlt hat, kann durch Zahlung einer jährlichen Anerkennungsgebühr von 3 M. sich die Anwartschaft erhalten, ohne weitere Beiträge zu zahlen. Es wird nun in den Kreisen der selbständigen Handwerker sehr beklagt, daß es für sie die Möglichkeit der freiwilligen Versicherung nicht gibt. Soweit sie versichert waren, können sie die Versicherung ja fortsetzen; diese Möglichkeit bezieht sich aber nicht auf die schon jetzt selbständigen Handwerker. (Geheimrat Koch: Die wollen nicht hinein!) Ja, zum Teil wollen sie doch hinein. Wir hatten neulich in Mainz eine Versammlung, in welcher der Vorsitzende der hessischen Zentralstelle für die Gewerbe sehr scharf den Ausschluß der Handwerker von der Versicherungsmöglichkeit rügte. Im übrigen gebe ich den Herren von der Regierung durchaus zu, die Ansichten sind geteilt.

Auf die Gehaltsklassen will ich mich nicht weiter einlassen. Es ist an sich zweckmäßig, daß man nicht das individuelle Gehalt zugrunde legt, sondern eine gewisse Klasseneinteilung vornimmt.

Ich komme dann noch kurz zu dem Verfahren. Das Verfahren bei der Entschädigungsfestsetzung ist ähnlich geregelt wie bei der

Invalidenversicherung. Es kann von den Versicherten der Antrag gestellt werden entweder auf Einleitung eines Heilverfahrens — dieser Antrag geht dann an die Reichsversicherungsanstalt — oder auf Gewährung des Ruhegehalts. Ueber den Antrag entscheidet der Rentenausschuß. Bei der Feststellung, ob Invalidität vorliegt, werden konform der Invalidenversicherung Beisitzer zugezogen; der Reichsversicherungsanstalt sind die Akten mitzuteilen. Bei der Vertretung der Angestellten ist vorgesehen, daß berufsmäßige Vertreter, außer Rechtsanwälten und bei Gericht zugelassenen Personen, ausgeschlossen sein sollen, und daß die Reichsversicherungsanstalt berechtigt sein soll, an der Festsetzung teilzunehmen. Gegen die Entscheidung findet die Berufung an die Schiedsgerichte statt; man darf wohl annehmen, daß diese an die Schiedsgerichte für Arbeiterversicherung angegliedert werden. Aber es ergibt sich die Notwendigkeit, besondere Beisitzer zu wählen; also wieder ein Feld der Betätigung für Herren, die gerne Ehrenämter annehmen wollen. (Heiterkeit.) Dann haben wir die Revision gegen die Entscheidung der Schiedsgerichte an das Oberschiedsgericht; dieselbe ist aber nur zulässig zur Entscheidung der grundsätzlichen Frage, ob Ruhegeld zu gewähren ist. Das Oberschiedsgericht ist zusammengesetzt aus zwei richterlichen Beamten und je einem Beisitzer aus Arbeitgeber- und Arbeitnehmerkreisen. Dann ist noch ein Wiederaufnahmeverfahren vorgesehen.

Ich glaube, im wesentlichen die Gesichtspunkte damit erschöpft zu haben.

Vorsitzender: Wenn wir in die Diskussion eintreten, bitte ich, daß wir das Gehörte in zwei Teile zerlegen: daß wir zunächst diskutieren über den allgemeinen Teil, der ja im Rahmen des Gesamtvortrages des Herrn Direktor Meesmann einen sehr breiten Raum einnahm, und in diesem Zusammenhang auch die Fragen des Umfangs und der Träger der Versicherung mit erledigen. Wenn die Herren noch weitere allgemeine Gesichtspunkte vorbringen wollen, so würde ich bitten, das hier zu tun.

Wenn wir damit fertig sind, würden wir übergehen zur Organisation des Verfahrens.

Ich bitte nun, zum ersten Teil des Vortrags das Wort zu nehmen.

Geheimer Oberregierungsrat **Koch:** Ich werde mich zu diesem ersten Punkt auf wenige Gesichtspunkte beschränken können, um meinem Herrn Kollegen die weitere Ausführung zu überlassen.

Zunächst hat Herr Direktor Meesmann ausgeführt, man könne nicht ohne weiteres eine Lücke in der sozialpolitischen Fürsorge anerkennen, der man hier durch den Gesetzentwurf abhelfen muß. Ich gebe ohne weiteres zu, daß man darüber zweifelhaft sein kann, wieweit man in der Fürsorge gehen soll, bis zu welchem Einkommen, und wir haben selbstverständlich diese Frage auch eingehend überlegt. Wir glaubten aber doch, daß die Notwendigkeit dieser öffentlich-rechtlichen Fürsorge wohl anzuerkennen sei bei einem Einkommen bis zu 5000 M. Einen Vorgang haben wir in dieser Hinsicht bei der Gesetzgebung über die Konkurrenzklausel; dort ist sogar anerkannt worden, daß bei einer Grenze bis zu 8000 M. eine Fürsorgepflicht gegeben ist. Wir nehmen an, daß bis zu der Gehaltsgrenze von 5000 M. in der Tat eine Notwendigkeit besteht, eine öffentlich-rechtliche Versicherungspflicht einzuführen.

Was den Anschluß der Versicherung an die Invalidenversicherung oder die Begründung einer Sonderkasse betrifft, so möchte ich zu den Ausführungen des Herrn Direktor Meesmann folgendes ergänzend bemerken. Ich weiß nicht, ob den Herren bekannt ist, wie sich die Parteien nach ihrer politischen Gruppierung und die Angestellten zu diesem Vorschlage stellen, und es ist vielleicht den Herren interessant, darüber das Nähere zu hören. Für den Anschluß der Privatbeamtenversicherung an die allgemeine Arbeiterversicherung hat sich von den Parteien des Reichstags lediglich die sozialdemokratische Partei ausgesprochen. Von den Angestellten, die im allgemeinen auf dem Boden der gegenwärtigen Gesellschaftsordnung stehen, haben die in dem Hauptausschuß vereinigten Verbände, die diesen Boden nie verlassen haben, ohne Rücksicht auf ihre sonstige politische Parteistellung die Begründung einer Sonderkasse gewünscht. Ihnen gegenüber steht mit der Forderung des Ausbaues der Arbeiterversicherung nur eine verhältnismäßig kleine Gruppe.

Endlich möchte ich noch einige Worte sagen zu der von uns vorgeschlagenen Begrenzung des Umfangs der Versicherungspflicht. Es ist zweifellos richtig, daß das eine außerordentlich schwierige Frage ist; ich nehme es dem Herrn Vorredner gar nicht übel, daß er eine ganz erhebliche Menge von Zweifeln hat. Aber diese Frage wäre für uns dann besonders schwierig, wenn wir nicht schon eine Versicherungsgesetzgebung hätten, die mit den gleichen Begriffen arbeitet, die wir hier der Abgrenzung zugrunde gelegt haben. Ich bin daher auch in der Lage, im wesentlichen die Fragen, die der Herr Vorredner gestellt hat, ziemlich glatt zu beantworten. Was die Bureaubeamten angeht, so liegen ja Entscheidungen des Reichsversicherungsamtes vor, wonach die Bureaubeamten, insbesondere die Bureauvorsteher und Expedienten, zu den gehobenen Beamten gehören. Auch was die Lehrlinge anlangt, ist die Frage durch die Entscheidungen des Reichsversicherungsamtes längst geklärt. Dort ist entschieden, was als Taschengeld anzusehen ist usw. Wenn dann auf das Schwanken im Gehalt hingewiesen ist, so geben wir ohne weiteres zu, daß dieser Umstand zu Unzuträglichkeiten führen wird; aber wenn wir an dem Grundsatz festhalten, daß die Fürsorge des Staates nur soweit eintreten soll, als schwache Existenzen in Frage kommen, so werden Sie mir darin beitreten, daß wir auf eine Gehaltsgrenze nicht verzichten können. Ich glaube, Sie werden die Sache weniger bedenklich ansehen, wenn ich Ihnen mitteile, daß aus dem Land, das die meisten Erfahrungen auf diesem Gebiete hat, aus Oesterreich, dem einzigen Land, das eine Privatbeamtenversicherung bisher hat, von einer maßgebenden Persönlichkeit, die jahrelang in dieser Sache gearbeitet hat, unlängst eine Veröffentlichung erschienen ist, wonach die österreichische Gesetzgebung sich unsere Gesetzgebung, wie sie im Entwurf vorliegt, direkt zum Muster nehmen möge, da der von uns eingeschlagene Weg der einzig richtige sei.

Geheimer Oberregierungsrat Dr. **Beckmann:** Meine Herren! Von wesentlichster Bedeutung für die heutigen Verhandlungen scheint mir die Frage zu sein, ob die Regelung der geplanten Angestelltenversicherung im Wege des Ausbaus der Invalidenversicherung durch Anfügung neuer Lohnklassen oder durch Errichtung einer besonderen Versicherungsanstalt erfolgen soll. Gegen den Ausbau der Invalidenversicherung bestehen schwerwiegende Bedenken. Ein Teil dieser Bedenken ist in der Ihnen bekannten II. Denkschrift vom 11. Juli 1908 geltend gemacht; sie sind hauptsächlich darin begründet, daß die milden Bestimmungen des geltenden Invalidenversicherungsgesetzes über die Berechnung des Grundbetrages der Invalidenrenten und die Zulässigkeit der Versicherung in höherer Lohnklasse, als sie den Lohnverhältnissen entspricht, die Gefahr in sich schließen, daß die Versicherungsträger mit Rentenbeträgen belastet werden, für die sie in den Beiträgen kein genügendes Aequivalent erhalten haben. Diese Bestimmungen sind auch in die Reichsversicherungsordnung übernommen. Ich gebe zu, daß sie durch andere weniger günstige Bestimmungen ersetzt werden können; durch eine solche Aenderung würden indessen die vorhandenen Versicherten, die auf Grund der bisherigen Bestimmungen Ansprüche erworben haben, durchweg in ihren Ansprüchen verschlechtert werden. Aber, meine Herren, es sind auch noch andere schwerwiegende Bedenken vorhanden, die gegen den Ausbau der Invalidenversicherung durch Anfügung neuer Lohnklassen sprechen.

Die Entwickelung der Invalidenversicherung seit der Einführung der Lohnklasse V im Jahre 1900 hat dazu geführt, daß sich seit diesem

Jahre bis zum Jahre 1909 das Prozentverhältnis der in Lohnklasse V versicherten Personen von 9,49 pCt. auf 23,64 pCt., also auf das 2,5 fache erhöht hat. Die wirkliche Zahl der entrichteten Beiträge hat sich in Lohnklasse V von 53 089 328 im Jahre 1900 auf 171 683 879 im Jahre 1909 oder auf das 3,2 fache erhöht. Eine weitere Steigerung muß bei dem bisherigen Verlauf der Zahlen auch für die Zukunft erwartet werden. Es wird damit zu rechnen sein, daß nach zehn weiteren Jahren etwa 50 pCt. aller Versicherten der Lohnklasse V angehören werden. Unter Berücksichtigung der Vermehrung der Zahl der Versicherten werden dann mindestens 8,6 Millionen Personen in Lohnklasse V versichert sein. Beim Aufbau neuer Lohnklassen wird der größte Teil dieser Versicherten in die neuen Lohnklassen übertreten. Würde man beispielsweise die Lohnklasse V bis zu 1500 M. erstrecken, und eine Lohnklasse VI von 1500 bis 1800 M., eine Lohnklasse VII von 1800 bis 2100 M., eine Lohnklasse VIII von 2100 bis 2400 M. und eine Lohnklasse IX von über 2400 M. einrichten, und für diese einen Beitrag von nur 2 pCt. des durchschnittlichen Lohnsatzes einsetzen, so würde mit einer ganz bedeutenden Mehrbelastung zu rechnen sein. Ich habe sie geschätzt, indem ich die Verteilung der 8,6 Millionen Versicherten nach einer lohnstatistischen Angabe über die Lohnsätze bei der Firma Krupp im Jahre 1907 bewirkt habe. Die Unterlagen finden sich in der Schrift von Dr. Jacobssohn: „Der Kampf gegen die Wohlfahrtseinrichtungen in Großbetrieben." Ich komme zu einer jährlichen Mehrbelastung von 79,2 Millionen Mark gegenüber der Belastung aus der Invaliden- und Hinterbliebenenversicherung nach den Beschlüssen der Reichstagskommission in II. Lesung. Hierzu würde noch die jährliche Belastung durch rund 500 000 Angestellte mit etwa 24 Millionen Mark kommen, die der Invalidenversicherung nicht unterstellt sind. Die jährliche Mehrbelastung würde sich somit auf rund

103,2 Millionen Mark

stellen.

Meine Herren, die Ihnen vorgetragenen Zahlen haben nur dann Wert, wenn angenommen werden darf, daß nach Anfügung der neuen Lohnklassen die Invaliden- und Hinterbliebenenversicherung in ihren Grundlagen nicht erschüttert wird. Die niedrigen Beiträge und verhältnismäßig hohen Bezüge der Invalidenversicherung, die auch von dem Herrn Referenten hervorgehoben worden sind, sind nur möglich, wenn auch in Zukunft damit gerechnet werden darf, daß die aus der Versicherungspflicht ausscheidenden Personen die Versicherung nicht freiwillig fortsetzen, sondern ihre Anwartschaften im allgemeinen verfallen lassen und ebenso die bereits ausgeschiedenen Personen die Versicherung nicht erneuern. Die verfallenen Anwartschaften kommen den Pflichtversicherten zugute und wirken hier ebenso wie bei den vielen Werkspensions- und ähnlichen Kassen auf eine Minderung der Beiträge ein. Dadurch ist es möglich, statt des dem durchschnittlichen Alter der Versicherten entsprechenden Durchschnittsbetrages einen Beitrag zu erheben, der etwa dem Altersbeitrag entspricht, der zu erheben wäre, wenn alle Versicherten mit dem 18. Lebensjahre in die Versicherung eingetreten wären. Der Prozentsatz, der nach den bisherigen Erfahrungen aus der Pflichtversicherung unter Verfall der Anwartschaften ausscheidet, ist nicht gering. Unsere Berechnungen haben ergeben, daß etwa 43 pCt. der in die Versicherung überhaupt eintretenden Personen auf die Dauer ausscheiden. Meine Herren, wenn dies Prozentverhältnis zurückgeht oder gar ganz verschwindet, ist die Folge die, daß die Beiträge erhöht werden müssen. Denn jetzt kommen die Zahlungen von 100 Versicherten durchschnittlich 57 zugute. Steigt diese Zahl, so entfällt auf den Kopf der Versicherten ein geringerer Gewinn, der durch Beitragseinnahmen ersetzt werden muß. Daß aber die Zahl der verfallenen Anwartschaften ganz bedeutend zurückgehen wird, ist sicher anzunehmen, wenn der Anreiz, die freiwillige Versicherung fortzusetzen, durch die gebotenen höheren Bezüge der neuen Lohnklassen gefördert wird. Wie groß die Beitragssteigerung und somit die Mehrbelastung sein wird, läßt sich schwer feststellen, da über den Umfang der späteren freiwilligen Fortsetzung der Versicherung nur Vermutungen aufgestellt werden können. Im äußersten Grenzfalle würde damit gerechnet werden müssen, daß bei Zugrundelegung der Beitragszahlen des Jahres 1909, also ohne Berücksichtigung der Vermehrung der Zahl der Versicherten, eine Beitragserhöhung von etwa jährlich 196,6 Millionen Mark eintreten könnte. Weiter würde die Anfügung der gedachten neuen Lohnklassen aus denselben Gründen statt 103,2 Millionen Mark etwa 185,8 Millionen Mark erfordern, so daß es sich im Grenzfalle um eine jährliche Mehrbelastung von rund 382,4 Millionen Mark handeln würde, ohne daß den Wünschen der Mehrheit der Angestellten auch nur annähernd entsprochen werden würde.

In ähnlichem Verhältnis würde sich die Reichsbelastung aus den Reichszuschüssen erhöhen, wenn die aus der Versicherungspflicht künftig Ausscheidenden die Versicherung freiwillig fortsetzen.

Im Hinblick auf die Ihnen entwickelten, für die Invaliden- und Hinterbliebenenversicherung drohenden finanziellen Gefahren und den im übrigen zweifelhaften Erfolg einer solchen Angestelltenversicherung kann der Ausbau der Invalidenversicherung durch Anfügung neuer Lohnklassen für die Regelung der Privatangestelltenversicherung nicht in Frage kommen.

Meine Herren, ich möchte mich nun noch mit einigen Worten gegen die vielfach verbreitete, auch hier geäußerte Meinung wenden, daß der Invaliditätsbegriff des Invalidenversicherungsgesetzes für Angestellte im allgemeinen dem Begriff der Berufsunfähigkeit des Gesetzentwurfs entspreche und eine Erweiterung dieses Begriffes deshalb nicht notwendig sei, um den Wünschen der Angestellten entgegenzukommen.

Meine Herren, sowohl die Motive zum Entwurf des geltenden Invalidenversicherungsgesetzes als auch die Ausführungen des Reichsversicherungsamts in seinem Geschäftsbericht für das Jahr 1905 über die in Gemeinschaft mit den Vertretern des Reichsamts des Innern und der Landesbehörden gemachten Reisen lassen keinen Zweifel darüber, daß die Vorschriften des Invalidenversicherungsgesetzes keine Berufsinvalidität haben einführen wollen. In den Motiven heißt es zu den früheren §§ 4, 9 (jetzt 5, 6) u. a. ausdrücklich:

„Die Erweiterung des Gesetzes zu einer Versicherung gegen Berufsinvalidität kann aus den schon bei den Verhandlungen über das geltende Gesetz wiederholt hervorgehobenen, auch jetzt noch durchschlagenden Gründen nicht in Aussicht genommen werden."

Das Ergebnis seiner Erhebungen über das unerwartete Ansteigen der Zahl der neu bewilligten Invalidenrenten nach dem Inkrafttreten der jetzt geltenden Vorschriften über den Invaliditätsbegriff faßt das Reichsversicherungsamt in dem erwähnten Geschäftsbericht dahin zusammen, daß nur vereinzelt örtliche Gründe festgestellt werden konnten, daß dagegen Rentenbewilligungen in erheblicher Zahl wegen nicht genügender Aufklärung der tatsächlichen Verhältnisse und wegen Verwischung der Grenzen zwischen Berufsinvalidität und reichsgesetzlicher Erwerbsunfähigkeit, insbesondere aber auch in zahlreichen Fällen wegen zu milder oder unzutreffender ärztlicher Beurteilung, bemängelt werden mußten.

Die neue Bestimmung in § 5 des Invalidenversicherungsgesetzes hat nicht den Begriff der Berufsinvalidität einführen, sondern, wie es in den Motiven heißt:

„die komplizierte und infolgedessen schwer verständliche Berechnung im § 9 Abs. 3 des Invaliditäts- und Altersversicherungsgesetzes über die Verdienstgrenze beim Eintritt der Erwerbsunfähigkeit beseitigen wollen."

Ohne Aenderung des Invaliditätsbegriffs des Invalidenversicherungsgesetzes, der auch in der Reichsversicherungsordnung beibehalten ist, würde den Wünschen der Privatangestellten auf Einführung der Berufsinvalidität nicht entsprochen werden können.

Wollte man den Begriff der Berufsunfähigkeit in die Reichsversicherungsordnung übernehmen, so müßte bei den dort in Frage kommenden rund 15 Millionen Versicherten ohne Berücksichtigung der aus einer Anfügung neuer Lohnklassen sich ergebenden Mehrbelastung die jährliche Beitragseinnahme nach unseren Schätzungen um rund

234,2 Millionen Mark

und in gleichem Maße auch die Belastung des Reichs aus Reichszuschüssen erhöht werden.

Meine Herren, der Gesetzentwurf will in seinem § 24 die Berufsunfähigkeit als Versicherungsfall tatsächlich vorsehen. Es ergibt sich dies meines Erachtens auch schon aus dem Vergleich des ersten Satzes des § 24 des Entwurfs mit dem ersten Satze in § 1240 des Entwurfs der Reichsversicherungsordnung. § 24 Satz 1 des Entwurfs des Angestelltenversicherungsgesetzes sagt:

> Ruhegeld erhält derjenige Versicherte, welcher das Alter von 65 Jahren vollendet hat oder durch körperliche Gebrechen oder wegen Schwäche seiner körperlichen oder geistigen Kräfte zur Ausübung seines Berufs dauernd unfähig ist.

In § 1240 der Reichsversicherungsordnung heißt es dagegen:

> Invalidenrente erhält ohne Rücksicht auf das Lebensalter der Versicherte, der infolge von Krankheit oder anderen Gebrechen dauernd invalide ist.

Hierzu kommt, daß in der weiteren Vorschrift im ersteren Falle die Verdienstgrenze auf die Hälfte, im letzteren Falle nur auf ein Drittel festgesetzt ist. Die Praxis wird in Verbindung mit den Motiven schon die richtige Auslegung finden. Jedenfalls sind wir für jede Anregung zu einer besseren Fassung dankbar; sie ist uns aber bisher nicht gegeben worden.

Meine Herren, durch den Ausbau der Invaliden- und Hinterbliebenenversicherung befriedigen sie aber auch nicht im mindesten die als berechtigt anerkannten Wünsche der Angestellten auf eine standesgemäße Hinterbliebenenfürsorge. Die Verhältnisse liegen hier auch wesentlich anders als bei der Arbeiterversicherung. Die Motive zu dem vorliegenden Gesetzentwurf erörtern die Unterschiede und ich will sie hier nicht wiederholen. Wollen Sie in dieser Beziehung den Wünschen der Angestellten einigermaßen entgegenkommen, dann müßte auch in der Reichsversicherungsordnung die Witwenfürsorge nicht auf die invalide Witwe beschränkt, sondern auf alle Witwen ausgedehnt werden. Das ist aber aus Mangel an Mitteln ebenso unmöglich wie die Uebertragung des Begriffs der Berufsinvalidität auf die Arbeiterversicherung. Ich will Ihnen nur zwei Zahlen nennen, die Ihnen dies beweisen. Der Beitrag pro Kopf der Versicherten für die Witweninvalidenversicherung mit Einschluß des Witwengeldes verhält sich zu dem Beitrag der allgemeinen Witwenversicherung bei gleich hohen Leistungen wie

123 : 566.

Die letztere kostet somit das 4,6 fache der ersteren.

Meine Herren, der Herr Referent bemängelte auch die Höhe der im Entwurf vorgesehenen Leistungen und kommt zu dem Schluß, daß die Leistungen der Invaliden- und Hinterbliebenenversicherung verhältnismäßig erheblich höher sind als die des vorliegenden Entwurfs. Meine Herren, das ist erklärlich. Zunächst kommt zu jeder Rente ein Reichszuschuß von 50 M. Sodann handelt es sich um ein ganz anderes Risiko. Der Entwurf will Ruhegeld bei Berufsinvalidität, Witwenrenten an alle Witwen und Waisenrenten sowie verschiedene andere Leistungen gewähren, die für Invaliden- und Hinterbliebenenversicherung nicht vorgesehen sind. Wenn Sie die Invaliditätswahrscheinlichkeiten der dem Entwurf zugrunde gelegten Invaliditätstafel in den den Ausschlag gebenden Altersjahren 50—65 mit denen der Invaliditätstafel der Invalidenversicherung vergleichen, wie das in der Uebersicht 27 der ersten Denkschrift vom 14. März 1907 geschehen ist, werden Sie wesentlich höhere Werte bei der ersteren gegenüber der letzteren finden. Das Verhältnis der Belastung durch Witwenrenten zu der Belastung durch Witweninvalidenrenten habe ich Ihnen bereits angegeben. Die ersteren erfordern bei gleicher Rentenhöhe das 4,6 fache an Beiträgen für die letzteren. Hierzu kommen aber bei der Invalidenversicherung die von mir bereits erwähnten Gewinne für die Pflichtversicherten aus dem Verfall der Anwartschaften der aus der Pflichtversicherung ausscheidenden Personen. Es kann deshalb nicht auffallen, daß mit geringeren Beiträgen die Invalidenversicherung mehr leisten kann. Auch die Angestelltenversicherung wird mehr leisten können, wenn sich etwa herausstellen sollte, daß auch hier ein erheblicher Verfall von Anwartschaften eintritt. Das kann aber im Hinblick auf die Höhe der Beiträge und das hieraus folgende Interesse an der Weiterversicherung zunächst nicht angenommen werden. Meine Herren, der Entwurf will den Angestellten ein Existenzminimum bieten, das, zusammengenommen mit den Leistungen der Invalidenversicherung nach einer Versicherungsdauer, die der mittleren Aktivitätsdauer entspricht, und nur mit dieser darf man beim Vergleich der Leistungen rechnen, 60 pCt. des durchschnittlich versicherten Einkommens übersteigt. Lassen die Erfahrungen höhere Leistungen zu, dann ist es später leicht, die Leistungen zu erhöhen. Der umgekehrte Weg wäre äußerst bedenklich.

Meine Herren, der Herr Referent hat darauf hingewiesen, daß die Angestellten mit diesen Leistungen nicht zufrieden sein würden. Diesem steht indessen die Erklärung des Hauptausschusses entgegen, der zwar eine geringe Erhöhung der Beiträge unter entsprechender Erhöhung der Leistungen gewünscht hat, im übrigen aber den Entwurf als eine brauchbare Grundlage für die Regelung der Angestelltenversicherung bezeichnet. Meine Herren, dieser Hauptausschuß vertritt Organisationen von Angestellten, die etwa 700 000 Personen umfassen und sich von der Unmöglichkeit der Durchführung ihrer ursprünglichen Wünsche auf Gleichstellung mit den Reichs- und Staatsbeamten, wie Sie in den Schriften des Hauptausschusses lesen können, völlig überzeugt haben. Sie sind mit dem zufrieden, was ihnen geboten wird.

Meine Herren, der Herr Referent hat dann noch ausgeführt, daß, wenn man sich überhaupt für eine Sonderanstalt entscheide, solle man die Angestellten aus der Invalidenversicherung ganz herausnehmen. Die Gründe, die gegen diese Maßnahme sprechen, sind eingehend in der zweiten Denkschrift vom 11. Juli 1908 dargelegt worden.

Sie betreffen insbesondere den Verlust des Reichszuschusses, die Schwierigkeit der Auseinandersetzung der bei der Invalidenversicherung erworbenen Ansprüche und die Schwächung der Landesversicherungsanstalten. Ich will die Gründe hier nicht ausführlich wiederholen. Auf einen Punkt möchte ich jedoch hinweisen, nämlich den, daß das Recht, das man den Angestellten durch Heraushebung aus der Invalidenversicherung einräumen würde, anderen Berufskreisen, die vielleicht noch eine geringere allgemeine Invaliditätsgefahr haben als die Angestellten, nicht versagen könnte. Das würde aber zu einer großen Zersplitterung der Kräfte führen und die Invalidenversicherung grundsätzlich gefährden. Dieser Weg darf deshalb nicht beschritten werden.

Meine Herren, ich glaube nicht, daß Sie die von mir gegen die Regelung der Angestelltenversicherung durch den Ausbau der Invalidenversicherung geltend gemachten schwerwiegenden Bedenken beseitigen oder darüber hinweggehen können.

Professor **Moldenhauer**: Wir stehen vor der wichtigsten Frage, nämlich der großen prinzipiellen Frage: soll diese Fürsorge der Privatbeamten in der Form einer Sonderversicherung durchgeführt werden oder als Ausbau der Invalidenversicherung? Herr Direktor Meesmann ist im wesentlichen für den Ausbau der Invalidenversicherung eingetreten; wenigstens sprach die Mehrzahl seiner Gründe dafür, und es ist Ihnen ja auch bekannt, daß gerade aus der Industrie speziell Rheinlands und Westfalens dieser Wunsch mit sehr großer Entschiedenheit bereits seit Jahren geäußert worden ist. Welche Gründe werden nun gegen den Ausbau der Invalidenversicherung angeführt? Wenn zunächst Herr Geheimrat Koch auf die politischen Bedenken hingewiesen hat, dann möchte ich ihm entgegenhalten, daß man nicht einfach die Angestellten in nationale teilen kann, die dem Hauptausschuß angehören, und in sozialdemokratische oder der Sozialdemokratie zuneigende, die ihm nicht angehören. Unter den nicht dem Hauptausschuß angehörenden Verbänden sind eine ganze Reihe — ich erinnere an den Deutschen Privatbeamtenverein in Magdeburg —, die es durchaus ablehnen, als der Sozialdemokratie nahestehend betrachtet zu werden. Außerdem finden sich im Hauptausschuß verschiedene Meinungen. Wie erwähnt, ist der Werkmeisterverband zunächst scharf gegen die Sonderversicherung gewesen und nachher nur aus taktischen Gründen abgeschwenkt. Wenn der Hauptausschuß 700 000 Mitglieder aufzählt, so wissen wir doch alle, daß tatsächlich nur eine kleine Gefolgschaft hinter den Führern steht. Wenn man in Angestelltenkreisen herumhört, und das habe ich in den letzten Wochen oft getan, dann wird man finden, daß der Hauptausschuß bei weitem nicht soviel Anhänger zählt. In solchen Dingen soll man aber überhaupt die Stimmen nicht zählen, sondern wägen. Daß der Hauptausschuß jetzt sein Einverständnis mit dem Entwurf ausgesprochen hat, liegt daran, daß man glaubt, noch vor den Wahlen ein Gesetz zustande bringen zu können. Wenn die Sonderversicherung als der einheitliche Wunsch der sämtlichen bürgerlichen Parteien hingestellt wird, so ist doch zu bemerken, daß die Frage, ob Sonderversicherung oder Ausbau, die politischen Parteien erst in der letzten Zeit näher beschäftigt. Früher hat man sich nur auf allgemeine Sympathiekundgebungen beschränkt. Erst die Nähe der Wahlen hat zu der bestimmten Stellungnahme geführt. Was die sachlichen Gründe anlangt, so ist zunächst von Herrn Geheimrat Beckmann auf den andersgearteten Invaliditätsbegriff hingewiesen worden. Ich muß aber in dieser Frage Herrn Direktor Meesmann recht geben. In § 24 heißt es zwar: „Zur Ausübung seines Berufs unfähig“, aber der folgende Satz erläutert dies näher, indem es da heißt: „Berufsunfähigkeit ist dann anzunehmen, wenn seine Arbeitsfähigkeit auf weniger als die Hälfte eines körperlich und geistig gesunden Versicherten von ähnlicher Ausbildung und gleichwertigen Kenntnissen und Fähigkeiten herabgesunken ist." Das bedeutet doch für jeden, der die Rechtsprechung auszuüben hat, daß Berufsinvalidität im Sinne dieses Zusatzes zu verstehen ist. Dann ist aber von einem Unterschied dieses Begriffs von dem in der Invalidenversicherung nichts zu bemerken.

Wenn bemerkt worden ist, daß die Invalidenrenten seit 1901 so stark gestiegen sind, so liegt das doch nicht daran, daß man den Privatbeamten plötzlich bei Berufsinvalidität die Rente zugesprochen hat, sondern daß man allgemein in der Rentenbewilligung laxer geworden war. Bis jetzt ist noch nicht der Beweis geliefert, daß dieses Ansteigen der Renten durch die Ansprüche der Privatbeamten verschuldet ist, sondern es sind im Gegenteil die Festsetzungen bei den ländlichen Arbeitern gewesen; es hat sich doch dieses Ansteigen der Renten zuerst in der Provinz Schlesien geltend gemacht. Da hat es sich aber nicht um Angestellten-, sondern um Arbeiterrenten gehandelt. Man hat aus gewisser Gutherzigkeit zunächst den Arbeitern schon bei Berufsinvalidität die Rente zugesprochen, bis man dann auf den Begriff des Invalidenversicherungsgesetzes zurückgekommen ist. Wenn Sie den Begriff des Invalidenversicherungsgesetzes näher betrachten, so werden Sie finden, daß, je höher einer auf der sozialen Leiter gestiegen ist, um so enger die Auslegung dieses Begriffs sich gestaltet. Betrachte ich den ungelernten Handarbeiter, so gibt es für ihn tausende von Möglichkeiten der Arbeit; je höher einer aber heraufsteigt, um so geringer wird die Auswahl der Arbeiten, die man ihm unter billiger Berücksichtigung seiner Ausbildung und seines bisherigen Berufs zumuten kann. Die Rechtsprechung des Reichsversicherungsamts beweist ja, worauf Herr Direktor Meesmann schon hingewiesen hat, daß man auch mit der Auslegung des § 5 des Invalidenversicherungsgesetzes den Bedürfnissen der Privatbeamten Rechnung tragen kann. Infolgedessen sind die Berechnungen von 200 Millionen Mehrbelastung durch die Zubilligung der Berufsinvalidität hinfällig.

Was nun die Frage der Hinterbliebenenversicherung anlangt, so gebe ich ja zu, daß in der Reichsversicherungsordnung die Leistungen sehr knapp bemessen sind. Ich kann aber nicht finden, daß demgegenüber die von dem Gesetzentwurf vorgesehenen Unterstützungen überwältigend sind, wenn Sie berücksichtigen, daß in dem Beispiel des Herrn Meesmann die Witwe eines gutgelohnten Privatbeamten nach 10 Jahren 103,70 M. erhält und nach 25 Jahren

273,48 M. Und wenn darauf hingewiesen wird, daß bei der Reichsversicherungsordnung nur die invalide Witwe einen Anspruch auf Rente hat, die Witwe des Privatbeamten aber auf jeden Fall eine Unterstützung genießen müsse, so sehe ich nicht ein, warum die erwerbsfähige Privatbeamtenwitwe, zumal es sich um die unteren Schichten handelt, nicht sich ihr Brot selbst verdienen soll. Wir haben doch jetzt ganz andere Zustände als vor 20 Jahren; heute bietet sich der Frau eine solche Fülle von Betätigungsmöglichkeiten! Sehen Sie sich doch die Frauenzeitungen an. Ueberall dringt die Frau in das Erwerbsleben ein, nicht nur in den Arbeiterkreisen. Gewiß, das gebe ich Ihnen zu: die Leistungen der Invalidenversicherung sind zunächst geringer, aber die Unterstützungen, die dieses Gesetz vorsieht, sind doch auch unzulänglich. Darin muß ich Herrn Direktor Meesmann unbedingt zustimmen, ja ich gehe noch etwas weiter und behaupte: eine den Wünschen der Privatbeamten genügende Versicherung kann überhaupt nicht geschaffen werden (sehr richtig!), weil sie ganz ungeheure Leistungen bedingt. In Oesterreich wird jetzt in der von der Pensionsanstalt herausgegebenen Denkschrift vorgeschlagen, daß der Staat bei einem Gehalt von 2400 Kronen 90 Kronen zu jeder Rente vorzuschießen hat und außerdem zu den Verwaltungskosten noch 500 000 Kronen zahlen soll. Soweit ist man schon in Oesterreich, das spricht Bände. Wenn man solche Schwierigkeiten sieht in einem Land, wo man eine allgemeine Invalidenversicherung nicht kennt, da soll man doch mit der Nachahmung recht vorsichtig sein.

Sodann die Bedenken des Herrn Geheimrat Beckmann, daß das Reich durch das starke Hinzuströmen der Ausgeschiedenen, die jetzt wieder versicherungspflichtig werden, und etwa 3 Millionen neu hinzukommender Versicherter zu stark belastet wird. Ich bin nun der Meinung, daß man durchaus nicht die Versicherungspflicht bis zu 5000 M. Gehalt ausdehnen muß, sondern es vollkommen genügt, 3000 M. als Grenze festzusetzen mit dem Recht der freiwilligen Weiterversicherung. Dadurch würde man denen, die ein Recht auf ein Existenzminimum haben, eine genügende Fürsorge gewähren. Die Mehrbelastung des Reiches wird dabei nicht so gefährlich sein. Etwa 900 000 Privatbeamten, die dann versicherungspflichtig werden und ein Gehalt von 2000 bis 3000 M. beziehen, würden allein für den Reichszuschuß in Frage kommen, denn die Beamten mit einem geringeren Gehalt als 2000 M. unterliegen ja schon heute der Invalidenversicherung. Dazu kommt noch, daß die Angestellten mit 2000 bis 3000 M. Gehalt schon heute in der Reichsinvalidenversicherung das

Recht zur freiwilligen Versicherung, also auch das Recht auf den Reichszuschuß haben. Ich habe ausgerechnet, daß die Mehrbelastung vielleicht in 20 Jahren auf 1½ bis 2 Millionen Mark steigen wird, und die wird das Reich doch noch tragen können.

Also wenn man sich überzeugt, daß man auf dem Wege der Sonderversicherung die Absicht einer hinreichenden Fürsorge doch nicht erreichen wird und man nur auf erhebliche organisatorische Schwierigkeiten stößt, dann erscheint der Ausbau der Invalidenversicherung als der einfachere und bequemere Weg, und man erreicht trotzdem das, was Herr Geheimrat Beckmann als notwendig erachtet hat, den unteren Klassen der Privatbeamten ein Existenzminimum zu sichern.

Nun aber zu dem Umfang der Versicherung ein paar Worte. Daß es schwer ist, die einzelnen Kategorien der Privatbeamten aus der Arbeiterklasse auszuscheiden, ist sicherlich der Fall. Da wird auf das Bureaupersonal der Rechtsanwälte hingewiesen; schlagen Sie aber die Anweisung des Reichsversicherungsamtes nach, so werden Sie finden, daß an der betreffenden Stelle nur von Sekretären gesprochen wird. Wie ist es aber mit der Schreibdame? Im Hotelgewerbe wissen die Leute überhaupt nicht mehr Bescheid, etwa wann der Kellner sich zum Angestellten entwickelt, ob das Küchenpersonal, der Küchenchef usw. zu den Angestellten gehört? Das sind alles außerordentlich komplizierte Fragen. Dann aber die Bedenken wegen der Einschränkung der freiwilligen Versicherung. Auf freiwillige Versicherung hat nur der ein Recht, der fünf Jahre vorher versichert war. Nehmen Sie die Fälle der weiblichen Angestellten, die wegen Verheiratung oder sonst aus der Versicherung ausscheiden; wollen wir wieder eine Versicherung schaffen, bei der 3 Millionen Versicherte ausfallen? Da sind dann wieder zwecklos 100 Millionen Mark geopfert! Dann kommen die, die nach bestandenem Examen etwa als Assessor usw. in den Privatdienst treten und nach ein paar Jahren ein Gehalt erreichen, das über 5000 M. hinausgeht; auch deren Beiträge sind zwecklos geopfert. Dann die Fälle, wo jemand zeitweise ins Ausland geht, auf ein paar Jahre: er kann nur innerhalb des auf das betreffende Kalenderjahr folgenden Kalenderjahres die Beiträge nachleisten; nun kommt er wieder zurück: alles, was er in den, wollen wir einmal sagen, 6 Jahren früher geleistet hat, das ist, wenn ich die Begründung richtig verstanden habe, vollständig verfallen. Es soll anders sein als in der Invalidenversicherung, wo eine einmal erworbene Anwartschaft später angerechnet wird. Das sind nur einige der Schwierigkeiten, die sich bei der Abgrenzung des

Kreises der Personen ergeben, Schwierigkeiten, die sich im Rahmen der hier vorgeschlagenen Versicherung sehr schwer ausräumen lassen.

Geheimer Oberregierungsrat **Koch**: Nur einige kurze tatsächliche Feststellungen. Zunächst habe ich keine politischen Bedenken geäußert, sondern mich darauf beschränkt, einige Mitteilungen über die Stellung der politischen Parteien zu machen. Ich kann mich nicht dem anschließen, daß diese Stellungnahme aus Anlaß der Wahlen genommen sei. Der Herr Vorredner wird sich unschwer davon überzeugen, daß sie schon seit 1907 oder 1908 eingenommen ist. Wenn endlich der Herr Vorredner sagt: „Wenn man doch nicht Zufriedenheit schaffen kann, so soll man an die Versicherungsanstalten anschließen", so halte ich die Regelung für zufriedenstellend; der gleichen Meinnng ist auch die Mehrzahl der zu Versichernden.

Dr. **Beumer**: Nach den Ausführungen des Herrn Direktor Meesmann und des Herrn Professor Dr. Moldenhauer kann ich mich auf Weniges beschränken, weil ich mit dem, was die beiden Herren sagten, in allen wesentlichen Punkten vollkommen einverstanden bin. Ich habe nur ein paar Worte über die Beteiligung der politischen Parteien zu sagen. Es ist ja richtig, daß der Vertreter des Reichsamts des Innern, Herr Geheimrat Dr. Koch, lediglich eine Tatsache festgestellt hat; es ist aber außerdem in offiziösen Darlegungen, die in die Presse lanciert worden sind, die Industrie gewarnt worden, denselben Weg zu beschreiten, den hier die Sozialdemokratie eingeschlagen wissen will. Dieser offiziöse Hinweis wird in der Industrie außerordentlich wenig Eindruck machen. Die Verbündeten Regierungen haben den Sozialdemokraten in ganz anderen Wünschen nachgegeben, die der Industrie sehr viel mehr geschadet haben; und es ist nicht die schlechteste Ansicht der Sozialdemokratie, daß der Ausbau der Invalidenversicherung den einfacheren und billigeren Weg darstellt, wenn auch die Sozialdemokratie, wie ich ganz genau weiß, von anderen Motiven dabei ausgeht, deren Erörterung uns hier nicht zu beschäftigen braucht. Nun sind die Parteien im Reichstage mit ihren Bestrebungen für die Privatbeamtenversicherung ja so erfolgreich gewesen, daß eigentlich in der Denkschrift kaum ein anderer Grund angeführt worden ist, als der, daß die Parteien des Reichstages sich dafür ausgesprochen hätten und infolgedessen (Herr Geheimrat Koch: In der Begründung nicht!) die Verbündeten Regierungen verpflichtet gewesen seien, einen solchen Gesetzentwurf vorzulegen. Ja, wenn aber die Verbündeten Regierungen zu der Erkenntnis kamen, daß sie nur etwas Unzureichendes bieten konnten, dann hätten sie meiner Ansicht nach doch den Mut haben sollen, zu sagen: eine solche Sache läßt sich nicht durchführen. Statt etwas Unzulängliches vorzuschlagen — und diese Witwenrenten sind tatsächlich etwas Unzulängliches und werden auch nur zur Vermehrung der Unzufriedenheit beitragen — hätten die Verbündeten Regierungen den Parteien ein glattes Nein entgegensetzen und namentlich nach den Erfahrungen in Oesterreich, wo schon soviel Unzufriedenheit die Folge dieser Gesetzgebung ist, sie für Deutschland ablehnen sollen.

Was das Einverständnis des Hauptausschusses anlangt, hinter dem 700 000 Leute stehen sollen, so bin ich der festen Ueberzeugung, daß selbst die gemäßigten Führer des Hauptausschusses bei diesem Zugeständnis von dem Wunsch ausgehen, noch in dieser Session etwas zustande gebracht zu sehen, um dann nachher bei den kommenden Neuwahlen mit größeren Forderungen zu kommen. (Sehr richtig!) Das ist angesichts der Tatsache, wie sich solche Dinge im Leben praktisch gestalten, schon an sich ganz sicher, und es ist in diesem Falle um so sicherer, als die Privatangestellten mit den Leistungen der Versicherung im Verhältnis zu ihren Beiträgen nicht zufrieden sein werden. Eine große Unzufriedenheit wird auch aus den von Herrn Professor Dr. Moldenhauer angeführten Fällen des Verfalls der Versicherung hervorgehen, und wir werden es dann erleben, daß eine große Menge von Amendements seitens der politischen Parteien auf höhere Leistungen gestellt werden wird, da mit den bisherigen Leistungen die Leute nicht auskommen könnten. Und dieses Heer der unzufriedenen Beamten wird sich auch namentlich aus den Reihen derjenigen rekrutieren, die jetzt in den Werkpensionskassen, in den Lebensversicherungen, zu denen die Werke Zuschüsse leisten, besser gestellt sind und die nachher behaupten werden, daß sie aus dem Regen in die Traufe oder aus der Szylla in die Charybdis gekommen sind.

Vorsitzender: Das wollen wir jetzt lassen, darauf kommen wir noch.

Herr Dr. **Beumer:** Verzeihen Sie, Herr Vorsitzender, ich darf erwähnen, daß das zur allgemeinen Erörterung gehört. Ich bin nach dem Studium, das ich dieser Frage zugewandt habe, fest überzeugt, daß eine große Zahl von Beamten, die jetzt den Werkpensionskassen angehören, noch keinen tieferen Einblick in das Gesetz getan hat, nachher einsehen wird, daß sie sich selbst schadete, wenn sie diesen Gesetzentwurf zur Annahme empfahl. Ob auch auf seiten der Verbündeten Regierungen der Wunsch besteht, auf den Ausfall der Wahlen damit Einfluß zu nehmen, daß man diesen Gesetzentwurf noch jetzt im Reichstag einbringen und ihn möglichst zur Verabschiedung gelangen lassen will, darauf will ich nicht eingehen. Ich kann nur sagen, wenn das der Fall sein sollte, dann wird die Hoffnung derer, die meinen, durch einen derartigen Gesetzentwurf eine zufriedenere Stimmung bei den Wahlen hervorrufen zu können, nicht in Erfüllung gehen. Ich bin im Gegenteil überzeugt, daß dieser Gesetzentwurf, je mehr er in seinen Einzelheiten bekannt wird, bei den Wahlen eine große Reihe von unzufriedenen Elementen veranlassen wird, einen solchen Stimmzettel abzugeben, wie er im Interesse der Erhaltung unseres Deutschen Reiches nicht liegt. Dann will ich endlich — und damit will ich schließen — noch meiner Freude darüber Ausdruck geben, daß der Vertreter des Reichsamts des Innern, Herr Geheimrat Dr. Beckmann, hier endlich einmal klipp und klar zum Ausdruck gebracht hat: wenn Sie die Sache an die Invalidenversicherung anschließen wollen, dann kommen Sie zu Leistungen, die das Reich nicht bezahlen kann. Das ist mir außerordentlich erfreulich. Denn ich habe in den 5½ Jahren, die ich dem Reichstage angehört habe, niemals etwas davon gehört, daß bei Vorschlägen, die nachher Gesetz geworden sind, die Verbündeten Regierungen bezüglich der Industrie und ihrer Leistungsfähigkeit **irgendwie ein solches Bedenken einmal an den Tag gelegt hätten.** Das hier festzustellen, ist, wie ich glaube, außerordentlich wichtig. Das Reich ist also durch den Vorschlag eines Anschlusses an die Invalidenversicherung darüber belehrt worden, daß es auf dem sozialpolitischen Gebiet in dem bisherigen Automobiltempo nicht weitergehen kann und daß auch mit der Ausdehnung der Versicherung auf immer weitere Kreise endlich einmal ein Ende gemacht werden muß. (Sehr richtig!) Der Vertreter der Verbündeten Regierungen erklärt, das Reich kann weiteres nicht leisten. Nun, auch die Industrie kann nicht alles ertragen, und wenn immer gesagt wird, sie ist ja noch nicht zugrunde gegangen, so wird doch wohl nicht der Wunsch bestehen, daß sie nun endlich einmal zugrunde gehe. (Lebhafte Zustimmung.)

Vorsitzender: Ich möchte darauf hinweisen, daß wir hierhergekommen sind, um uns gründlich über die Dinge auszusprechen, und ich glaube, daß die Herren Vertreter des Reichsamts des Innern auch durchaus auf dem Boden stehen, daß hier eine ganz offene Aussprache stattfinden muß und daß sie es auch verstehen werden, wenn in dieser offenen Aussprache man einmal seinem Herzen Luft macht. Ich hoffe, daß die folgenden Ausführungen für die weitere Diskussion die Bedeutung haben, daß der eine oder andere Herr, der die Absicht hat, auf diese Dinge einzugehen, dann etwas kürzer sein kann.

Es ist vorhin von dem Herrn Professor Moldenhauer darauf hingewiesen worden, daß die schnelle Verabschiedung des Gesetzes, das besondere Interesse der Parteien, das diesem Gesetzentwurf entgegengebracht wird, mit den Neuwahlen zusammenhängt. Es ist dann in dem Zusammenhang hingewiesen worden auf die Wahlen von 1907. Diejenigen Herren unter uns hier, die damals schon zu kennen ich die Ehre hatte, werden sich vielleicht erinnern, daß ich gelegentlich darauf aufmerksam gemacht habe, wie schon damals 1907 tatsächlich aus Anlaß der Wahlen Versprechungen gemacht worden sind (sehr richtig!), um die Leute nach rechts zu sammeln und von der Sozialdemokratie abzuziehen, in so unverantwortlicher Weise, daß wir uns damals sagten: ja, wo soll das hinführen, wenn derartige Versprechungen einmal eingelöst werden sollen! Und in dieser Beziehung ist die eilige Behandlung dieses Gesetzentwurfes symptomatisch; es ist das Treiben in der Richtung dessen, was die Herren versprochen haben. Ich könnte ja Namen nennen, aber das ist eine odiöse Sache, namentlich wenn die Herren nicht da sind. Ich habe mir erlaubt, vor acht Tagen in einer Ansprache auf die kolossale Gefahr hinzuweisen, die mit dieser Art Agitation verbunden ist, vor der großen Masse der Wähler, zu denen ich natürlich die weitesten Kreise gerechnet habe, auch die Angestellten. Ich habe damals in kürzester Form eine sehr wichtige Frage gestellt, um alle Kreise, und nicht zuletzt die Kreise des Hansabundes, darauf aufmerksam zu machen, wie dieses Fallen, möchte ich einmal sagen, der Versprechungen von Stufe zu Stufe für unsere wirtschaftliche, die sozialpolitische Weiterentwickelung, die ja mit der wirtschaftlichen Weiterentwickelung zusammengehört, sich gestalten wird. Wenn jetzt seitens der Verbündeten Regierungen dafür eingetreten wird, daß die Grenze der Versicherungspflicht heraufgesetzt wird auf 5000 M., begrenzt auf die Angestellten, und mit dieser Begrenzung auf die Angestellten begründet wird die Fassung dieser Persönlichkeiten in ein besonderes Gesetz, so könnte ich mir allerdings denken, daß, weil seit dem Erlaß der Versicherungsgesetzgebung ja der Wert des Geldes wesentlich gesunken, die Ansprüche gestiegen sind, eine gewisse Verschiebung der Grenze notwendig wird. Aber daß man soweit geht, das ist meines Erachtens doch ein Eingriff in die Privattätigkeit von sehr wichtigen Elementen in unserem Wirtschaftsleben — ich denke dabei an die freie Versicherungstätigkeit der großen Lebens- und sonstigen Versicherungsgesellschaften (sehr richtig!) —, ein Gesichtspunkt, der gar nicht scharf genug betont werden kann. Wir haben in diesem Zusammenhang widerspruchslos gehört, welche Rente für die einzelnen Kategorien herauskommen könnte, wenn es in dieser Form Gesetz wird; wir haben auch widerspruchslos gehört, daß diese Renten auf keinen Fall genügen. Wir alle wissen, wie viele Leute im ganzen und großen durch Enttäuschungen, die sie in dieser Beziehung erleiden, nicht nur verbittert werden, sondern auch daraus Konsequenzen ziehen, die sie vor ihrem Gewissen, will ich einmal sagen, nicht verantworten können. Wir müssen aber auch aus der Praxis des Lebens heraus hier betonen, daß es außerordentliche Gefahren in sich birgt, die Versicherung über den Rahmen des Notwendigen auszudehnen, weil dadurch eine ganze Reihe von Familienvätern glaubt, von ihren Verpflichtungen für ihre Angehörigen befreit zu sein, von der Verpflichtung, sich zu bemühen, über das, was ihnen diese Versicherung bietet, hinaus eine ausgiebige Versicherung für ihre Hinterbliebenen zu nehmen.

Und nun — Herr Geheimrat Dr. Beckmann wird mir etwas Kritik verzeihen —, Sie sprachen davon, es sei ein triftiger Grund für die Regierung gewesen, dieses Gesetz als Separatgesetz auszubauen, weil man Reich und Industrie bewahren wollte vor dem Anschluß an die Invalidenversicherung, mit Rücksicht auf die Notwendigkeit, dann auch die übrigen Kreise hineinzuziehen. Wenn man diesem Gedanken folgt, dann muß man dem entgegenhalten, was ich aus gleicher Veranlassung einmal einem anderen hohen Staatsbeamten entgegengehalten habe: das ist unsozial. Wenn man überhaupt das macht, kann man keine Unterschiede machen zwischen denen, die da versichert sind oder dort versichert sind, sondern man muß die Leute gleich behandeln. Und — damit will ich schließen — diese Leute werden natürlich auch mit der Forderung kommen, das wird eine Schraube ohne Ende. Glauben Sie, daß die Parteiführer sich diese Gelegenheit entgehen lassen werden? Die werden mit der Agitation genau so kommen, wie sie es in der Agitation für die Privatbeamten gemacht haben.

Daher bleibt nichts übrig, als an die Vertreter der Reichsregierung die freimütige Bitte zu richten, uns dabei zu helfen, der Agitation die Mittel aus der Hand zu winden, die das Reich auf schwerste schädigen, weil sie derjenigen Erwerbsgruppe im Reiche schaden, auf der die ganze Weiterentwickelung in Rücksicht auf die Steuerleistung usw. basiert. Wir dürfen unter keinen Umständen die ungeheure Agitationskraft, die mit dem allgemeinen Wahlrecht verbunden ist, in dieser Weise bewußterweise sich weiter entwickeln lassen, und diejenigen Parteimänner, die in dieser Beziehung schwach sind, weil sie in den Reichstag einziehen wollen (sehr gut!), begehen eine Sünde gegen das Deutsche Reich. (Beifall.)

Dr. Tille: Ich möchte zum Ausdruck bringen, daß es in der Industrie auch weite Kreise gibt, die jedes weitere Fortschreiten in der Sozialpolitik bekämpfen. Man braucht in den Kreisen der Reichsregierung das Wort Sozialpolitik und täuscht sich darüber, was man eigentlich damit meint. In Wirklichkeit handelt es sich bei Gesetzesvorlagen unter dieser Flagge um eine immer noch weitergehende Aufhebung der Selbstverantwortlichkeit weiter Kreise für das eigene Lebensschicksal und des Gefühls der Verpflichtung gegen die Angehörigen, und überdies um einen Kampf gegen die Kapitalbildung durch Beschränkung der Sparmöglichkeit. Bis zu welchem Grade diese Dinge bereits gediehen sind, kann man sich am besten vergegenwärtigen, wenn man davon ausgeht, daß aus wirtschaftlichen Ursachen heute schon die erwerbswirtschaftliche Selbständigkeit immer seltener wird, daß wir im Deutschen Reiche nur noch fünf Millionen Unternehmer haben, d. h. Männer, welche eine erwerbswirtschaftliche Verantwortung tragen. Mit der vollen hauswirtschaftlichen Verantwortlichkeit steht es nicht sehr viel besser. Allerdings gibt es immer noch 13 Millionen Haushaltungen. Aber da ist die Reichsklassenversicherung gekommen und hat weiten Kreisen der niederen Bevölkerung das Risiko für Krankheit, Alter, Invalidität, Unfall genommen und will sie jetzt auch noch der Fürsorge für die Hinterbliebenen entheben. Sieben Millionen Deutsche sind auf diese Weise bereits hauswirtschaftlich zur Hälfte entmündigt oder der Hälfte ihrer hauswirtschaftlichen Verantwortlichkeit enthoben. Es handelt sich hier um eine hauswirtschaftliche Entmündigung durch Staatsgesetz, welche Menschen, die früher unter eigener Verantwortung im Daseinskampf standen, heute zur Hälfte wenigstens unter staatliche Bevormundung stellt. Schon bilden diese halb Entmündigten über die Hälfte der deutschen Reichstagswähler. Schon wird das Deutsche Reich von einer Mehrheit erwerbswirtschaftlich Unselbständiger und hauswirtschaftlich halb Entmündigter regiert. Im sozialistischen Staate kann sich die Entmündigung auch auf nicht mehr als auf alle beziehen. Irgendwo muß hier Schluß gemacht werden, muß eine Grenze gezogen werden. So kann es unmöglich weitergehen. In diesem Entwurf aber wird wieder der Versuch gemacht, eine neue Schicht von Menschen, und zwar solche, welche sich aus eigener Kraft durch geistige Entgeltarbeit ernähren, durch öffentliches Gesetz und mit öffentlichen Mitteln zu versorgen. Ich sage trotz des fehlenden Reichszuschusses, auf dessen

Fehlen sich die Begründung soviel zugute tut: mit öffentlichen Mitteln; denn es ist ganz gleichgültig, ob ich dem Unternehmer durch Staatsgesetz eine Steuer auferlege, um damit seine Angestellten zu versorgen, oder ob ich diese Steuer dem ganzen Volke auferlege, sie erst in die Reichskasse zahlen lasse und dann als Reichszuschuß an die Angestellten auszahle. Ja, für die Unternehmer ist die einseitige Unternehmersteuer die weit härtere. Weiter aber liegt in diesem Entwurf ein Bruch mit dem bisherigen Herkommen, daß die Gesetzgebung nur bei vorliegender Not und Unfähigkeit zum Selbstschutz einschreiten soll. Es handelt sich darum, daß man nicht nur mehr Kreise, welche Handarbeit leisten und auf der untersten Stufe der Lebenshaltung stehen und bei denen man von hauswirtschaftlicher Unfähigkeit reden kann, bevormundet, sondern auch eine weit höhere Schicht. Darin liegt nach unserer Ueberzeugung der gefährlichste Schritt. Es ist nicht wahr, daß die halbe Million Angestellte, welche das Gesetz neu unter Versicherungszwang stellen will, hauswirtschaftlich unfähig wäre und nicht soviel Wirtschaftsumsicht und Sparsinn hätte, um selbst für Erwerbsunfähigkeit, Alter und Hinterbliebene zu sorgen. Es ist nicht wahr, daß heute die Angestellten auch nur zu einem nennenswerten Vomhundertsatze bei eintretender Erwerbsunfähigkeit Not leiden, und zwar so wenig wie ihre Witwen und Waisen. Dieser Entwurf verdankt lediglich einer sozialistischen Agitation niederer Angestelltenverbände sein Dasein, welche dem Staate im Bruch mit der bisherigen Uebung zur Fürsorge gegen Not und Folgen der Unfähigkeit auch noch die Fürsorge für das Behagen der erwerbswirtschaftlich Unverantwortlichen auflegen will. Wenn die Kreise der Angestellten unter 3000 Mark Einkommen sich selbst für hauswirtschaftlich unfähig halten, so mag der Staat sie zwangsmäßig im Rahmen der Invalidenversicherung versichern. Bei den Kreisen mit über 3000 M. ist diese Zwangsversicherung ein Faustschlag in das Gesicht der heute noch geltenden, aber von der Regierung schon nicht mehr vertretenen liberalen Gesellschaftsordnung. Die Lage der Angestellten wird dieses unbillige Zwangsgesetz nicht bessern. Die Zahl der Angestellten ist in weitem Maße aus den Kreisen der Lohnarbeiter zu ergänzen. Dieses Zwangsgesetz fordert mit seinem Eingriff in das Privateinkommen wirtschaftsfähiger Männer geradezu dazu heraus, Massen von Handarbeitern auf die Angestelltenstufe zu heben und damit den Gehalt um mehr als die 8 vom Hundert des Gesetzes zu drücken. Dazu wird die Unmöglichmachung des Sparens durch das Gesetz mehr Männer als jetzt in Angestelltenstellungen festhalten und hindern, zu Unternehmern aufzusteigen. Denn durch dieses Gesetz wird es den Angestellten geradezu unmöglich gemacht, sich selbständig zu machen; denn wenn ich jemand einen so großen Teil seines Einkommens entziehe und ihn zwangsweise in eine Rente verwandle, dann muß die Unmöglichkeit eintreten, daß der Betreffende überhaupt sich noch im Laufe seines Lebens ein Kapital erspart und dasselbe noch in mittleren Jahren zur Selbständigmachung benutzt. Es handelt sich zum größten Teil um 8 Prozent, teilweise auch um 10 Prozent des Einkommens, und da ist es theoretisch sehr schön, zu sagen: die Hälfte trägt der Unternehmer. Das ist aber ein Trugschluß; denn der Unternehmer wird die Last sogar allein zu tragen haben, wenn er Schwierigkeit hat, Hilfskräfte zu bekommen (sehr richtig!), aber wo es ihm leicht wird, Hilfskräfte zu bekommen, wird umgekehrt der Angestellte die ganze Beitragslast allein zu tragen haben. Der Beitrag zu dieser neueren Form der Klassenversicherung ist so außerordentlich groß, daß er den größten Eingriff in das Privatleben darstellt, der jemals von einem deutschen Staate gemacht worden ist. Wenn Sie bedenken, daß durchschnittlich in einem kleinen Haushalt ein Fünftel des Einkommens für die Wohnung ausgegeben wird, und hier über ein Zehntel, die Hälfte davon, von Staats wegen verfügt wird, so heißt das: Sie legen den Angestellten eine Last auf, die der Hälfte der Summe gleichkommt, die er durchschnittlich für seine Wohnung auszugeben hat. Glaubt jemand ernstlich, daß das ohne die schwersten Folgen für die ganze Existenz der Angestellten sein kann? Es handelt sich hier um eine gesetzliche Maßnahme, der keine Not und keine Rücksicht auf die Erhaltung der Volkskraft zugrunde liegt, sondern lediglich um sogenannte Sozialpolitik, das heißt, um die Rücksichtnahme auf die Wünsche von Kreisen, auf die man als Wähler Rücksicht nehmen will, und wenn es im Deutschen Reiche Sitte werden soll, daß die Regierung jedesmal, wenn eine bestimmte Gruppe der Bevölkerung Wünsche nach behaglicherer Versorgung hat, ein Gesetz macht, um diese Wünsche zu befriedigen, dann sind wir bald mitten drin im sozialistischen Staate.

Von der Unfähigkeit vieler kleiner Unternehmer, solche Lasten zu tragen, will ich nicht reden, weil ich der Meinung bin, daß diese Lasten in der überwältigenden Mehrheit der Fälle in Form einer Herabdrückung der Gehälter auf die Angestellten abgewälzt werden. Auch nicht davon, daß diese Lasten auf den Kopf des Angestellten bis zu dem Fünffachen sich erheben, das heute die gesamte Lohnarbeiterversicherung auf den Kopf des Lohnarbeiters kostet;

denn auch das wird an erster Stelle die Angestellten treffen. Aber die Sache hat doch auch ihre große nationalwirtschaftliche Bedeutung. Nicht nur weil sie den deutschen Lebens- und Altersrentenversicherungen einen schweren Schlag versetzen würde, sondern weit mehr noch dadurch, daß sie einen bereits begonnenen nationalwirtschaftlich sehr gefährlichen Vorgang fortsetzt, indem sie in steigendem Maße die Kapitalbildung verhindert und bloße Rentenbildung an ihre Stelle setzt. Die zunehmende Verwendung mechanischer Naturkraft in der Ertragswirtschaft stellt immer steigende Anforderungen an die Menge des Wirtschaftskapitals. Damit unser Volk auf den Kopf nicht ärmer werde, müssen wir bei 900 000 Volkszunahme in jedem Jahre rund 6 Milliarden Mark sparen. Unsere Einfuhr kostet 2 Milliarden Mark mehr, als unsere Ausfuhr wert ist, und um eine Drittel Milliarde Volksvermögen berauben uns jährlich unsere Konkursverluste. Gegen diese Anforderungen an die Sparkraft des deutschen Volkes sind die 700 Millionen, welche jährlich neu in die deutschen Sparkassen fließen, ein Trinkgeld.. Sind sie doch nur das Doppelte der Konkursverluste. Unter diesen Umständen hat bereits die bestehende Reichsklassenversicherung der Sparkapitalbildung im Jahre 900 Millionen Mark entzogen, die nicht gespart werden können, sondern sich nur in Renten umsetzen. Jetzt werden 200 Millionen jährlich durch die Reichsversicherungsordnung hinzugefügt werden, und wenn nun hier noch weitere 150 Millionen hinzukommen, dann wird die Sparkapitalbildung im Deutschen Reiche allein durch die Klassenversicherung jährlich um fünfviertel Milliarden beeinträchtigt. Unter diesen Umständen hat der Ruf nach Einhalt in der Fortsetzung sozialistischer Experimente, wie sie dieser Entwurf darstellt, sein gutes Recht. Er untergräbt die Verantwortlichkeit, er benachteiligt die Angestellten und er beeinträchtigt die Kapitalbildung und ist aus allen drei Gründen grundsätzlich zu verwerfen.

Vorsitzender: Ich möchte im Zusammenhang dessen, was Herr Dr. Tille ausgeführt hat, hier noch einmal hinweisen auf den Beschluß, den der Centralverband Deutscher Industrieller in seiner Delegiertenversammlung am 28. Oktober 1907 gefaßt hat. Da heißt es:

„Der Centralverband Deutscher Industrieller hat stets die treue und erfolgreiche Mitarbeit der industriellen Angestellten dankbar anerkannt, und er legt besonderen Wert darauf, daß das Vertrauensverhältnis zwischen den Leitern der industriellen Betriebe und ihren Angestellten auch weiterhin forterhalten bleibt. Von dieser Auffassung aus will der Centralverband auch den sozialpolitischen Bestrebungen der Angestellten, soweit dies die Lebensbedingungen des industriellen Betriebes irgend zulassen, gern entgegenkommen.

Der Centralverband Deutscher Industrieller ist auch bereit, eine reichsrechtliche Zwangsversicherung der Privatangestellten sympathisch zu fördern, sofern sich diese Versicherung in ihrer Höhe in angemessenen Grenzen hält, nur die geringer besoldeten Angestellten umfaßt, und sofern den einzelnen industriellen Betrieben der Fortbestand und die Neueinrichtung von Pensions- und Witwenversorgungskassen als Ersatzinstitutionen der reichsrechtlichen Zwangsversicherung gestattet bleibt.

Der Centralverband will dabei seine ernsten Bedenken gegen die immer weitere Ausdehnung des Personenkreises, welcher der Zwangsversicherung unterstellt wird, in diesem Falle zugunsten der gesicherteren Versorgung der industriellen Angestellten zurückstellen."

Es war also ein Beschluß, den wir im Zusammenhang einer Erörterung einer ganzen Reihe von sozialpolitischen Fragen gefaßt haben.

Justizrat **Wandel**: Meine Herren! Ich habe mich nur zum Wort gemeldet, um als Vertreter eines großen rheinischen Werkes die Ausführungen des Herrn Professor Moldenhauer dahin zu bestätigen, daß man innerhalb der rheinisch-westfälischen Großindustrie entschieden den Ausbau der Invalidenversicherung, der Ausgestaltung, die vom Gesetzentwurf vorgeschlagen ist, vorziehen würde. Ich bin der Meinung, daß die Frage ein ganz anderes Gesicht gewinnt, je nachdem man die Einkommensgrenze festsetzt, für die man die Versicherung einführen will. Herr Geheimrat Koch hat vorhin mitgeteilt, wie man in der Reichsregierung auf die Grenze von 5000 M. gekommen ist. Er hat erwähnt, man habe sich angeschlossen an die Regelung, wie sie sich in den gesetzlichen Bestimmungen bezüglich der Konkurrenzklausel darbietet. Ich muß offen gestehen, daß ich über diese Parallele etwas überrascht war; denn ich kann einen Zusammenhang, wie man von dem einen auf das andere schließen soll, nicht finden. Die Festsetzung der Gehaltsgrenze bei der Konkurrenzklausel beruhte ja auf einem Kompromiß. Ursprünglich sollte die Grenze bei 3000 M. gezogen werden, die Angestellten wollten 8000 M. Da war es einfach ein Kompromißakt, daß man sich auf 5000 M. einigte. Nun ist es aber etwas ganz anderes, ob man bei einer solchen Spezialfrage, um überhaupt zu einem Ziele zu kommen, eine Grenze festlegt oder ob man erklärt: Alle Leute, die nicht mehr als 5000 M. Einkommen haben, sind gesetzlicher Fürsorge bedürftig und einer Zwangsversicherung unterworfen. Ich bin der Meinung, wenn man sich beschränkte auf die Angestellten bis zu 3000 M., so würden alle die Schwierigkeiten, die gegenüber dem Ausbau der Invalidenversicherung sonst angeführt werden, hinfällig werden. Ich darf mich dabei im wesentlichen auf die vortrefflichen Ausführungen des Herrn Professor Moldenhauer beziehen.

In den Ausführungen des Herrn Geheimrat Dr. Beckmann ist mir aufgefallen, daß er wiederholt sagte: wenn man den Angestellten das und jenes geben will, dann muß man so und so verfahren. Ja, das gebe ich ohne weiteres zu, wenn man alle Wünsche der Angestelltenverbände erfüllen will, dann ist der Ausbau der Invalidenversicherung nicht durchführbar; aber das ist ja eben die Frage, ob man soweit gehen soll. In der rheinisch-westfälischen Großindustrie ist man der Ansicht, daß man das nicht tun soll, und man ist dieser Ansicht nicht aus Gründen der Mißgunst gegen die Angestellten; dagegen brauche ich die genannte Großindustrie nicht in Schutz zu nehmen, ist sie ja in der Fürsorge für ihre Angestellten unendlich viel weitergegangen als je eine staatliche Versicherung tun könnte, wie ich nachher in meinem Spezialreferat noch näher ausführen werde. Aber die rheinisch-westfälische Großindustrie ist der Meinung, daß aus Gründen der allgemeinen Volkswohlfahrt es nicht gerechtfertigt ist, über das unmittelbare Bedürfnis hinauszugehen und daß daher die Grenze von 3000 M. nicht überschritten werden sollte.

Geheimer Oberregierungsrat **Koch**: Ich glaube doch, daß man sehr wohl die Erwägungen, die man bei der Konkurrenzklausel anstellte, auch hier anstellen kann. Es handelt sich doch darum: wo ist die Grenze für die staatliche Fürsorgepflicht? Die ist ebenso auf dem Gebiet der staatlichen Versicherung wie des Arbeiterschutzes bei der Konkurrenzklausel zu ziehen; bei beiden handelt es sich um Maßnahmen des Arbeiterschutzes im weiteren Sinne des Wortes.

Da ich das Wort habe, möchte ich noch erwähnen, daß nach der Begründung des Entwurfs die Verbündeten Regierungen, oder vielmehr vorläufig die Reichsverwaltung selbst die Ansicht von der Notwendigkeit der Versicherung haben und sich nicht lediglich durch die Beschlüsse des Reichstages haben drängen lassen. (Generalsekretär Dr. Beumer: Die Denkschrift!)

Kommerzienrat Dr. **Kauffmann:** Ich kann mich den Ausführungen des Herrn Referenten und der anderen Herren nur anschließen, und möchte versuchen, dieselben in einigen Punkten zu ergänzen.

Was zunächst Herr Geheimrat Beckmann trotz der Ausführungen des Referenten bemerkt hat, daß zwischen dem Begriff der Berufsinvalidität des jetzigen Entwurfs und dem Begriff der Invalidität der Reichsversicherungsordnung doch ein Unterschied bestände, so glaube ich, daß dieser Unterschied lediglich ein juristischer, ein auf dem Papier stehender ist, daß dagegen die Organe, die den Begriff in die Praxis umzusetzen haben, einen solchen Unterschied nicht werden machen können. Ich denke in erster Linie an die Aerzte. Für die Aerzte ist es jetzt schon recht schwer, die Frage, ob nach dem Invalidenversicherungsgesetz ein Arbeiter noch erwerbsfähig ist oder nicht, ob er noch ein Drittel des Lohnes gleicher Arbeiterkategorien zu verdienen in der Lage ist oder nicht, zu entscheiden. Es hat sich aber bei den Aerzten eine Praxis in dieser Beziehung herausgebildet. Diese Praxis zu einer doppelten, zu einer unterschiedlichen zu gestalten, je nachdem es sich um Versicherte des einen oder des anderen Gesetzes handelt, das werden die Aerzte nur sehr schwer machen können. Ich habe mit verschiedenen Aerzten hierüber gesprochen. Der Unterschied, daß ein Mann zwar nach dem einen Gesetz, aber nicht nach dem anderen invalide ist, wird im allgemeinen höchstens seinem Arbeitgeber wahrnehmbar sein. In der Textilindustrie sind Fabrikbeamte, die der Arzt zweifellos für noch erwerbsfähig in ihrem Berufe erklären würde, dennoch oft hierzu unfähig, und sie werden dann oft aus der Werkkasse, selbst wenn es sich nur um eine solche mit freiwilligen Leistungen handelt, pensioniert. Zum Beispiel die Dessinateure, die Mustermacher in der Textilindustrie. Das sind Leute, die in späteren Lebensjahren für ihre Tätigkeit meistens nicht mehr zu brauchen sind. Es gehört eine gewisse Phantasie, eine gewisse Gestaltungsgabe zu dieser Tätigkeit, die meistens nur jüngeren Leuten innewohnt, und es müssen daher diese Dessinateure meist schon in jüngeren Lebensjahren zur Ruhe gesetzt werden, wenn sie nicht zu einer anderen Tätigkeit verwandt werden können. Ich möchte aber den Arzt sehen, der imstande sein soll, auf Grund seiner ärztlichen Untersuchung festzustellen, daß dieser Mann nicht mehr imstande ist, Muster zu machen. Solche Aerzte gibt es nicht.

Weiterhin ist als ein Argument in der Begründung dieses Gesetzentwurfs gegen die Verschmelzung mit der Invalidenversicherung geltend gemacht, es müsse für die Versicherung der Angestellten in gehobener Stellung die Berufsinvalidität eingeführt werden; wenn man aber im Rahmen eines und desselben Gesetzes nur für die höheren Beitragsklassen die „Berufsinvalidität" einführen würde, so würde dies zu Berufungen von seiten der Arbeiter führen, die Folge würde also sein, daß die Arbeiter auch für sich, also für die Invaliditätsversicherung allgemein, den Begriff der Berufsinvalidität würden gesetzlich einführen wollen. Diese Konsequenz wird aber kommen, ob Sie ein besonderes Gesetz machen oder nicht. Wenn Sie ein besonderes Gesetz machen und in diesem für die höheren Angestellten die Berufsinvilidität zugrunde legen, so werden die Arbeiter ganz ebenso kommen und sagen: „Was den Beamten gewährt wird, verlangen wir auch für uns." Ich kann also in dieser Beziehung keinen Unterschied in den Konsequenzen sehen zwischen den Verhältnissen, wie sie sich gestalten werden, wenn ein besonderes Gesetz kommt oder wenn die Beamtenversicherung im Rahmen der allgemeinen Invaliditätsversicherung erfolgt. Wohin wir aber kommen werden, wenn wir mit der Bewilligung solcher Forderungen immer weitergehen, hat Herr Dr. Beumer sehr treffend ausgeführt. Die Herren Vertreter des Reichsamts des Innern haben ferner auch auf die Sozialdemokratie hingewiesen. Man solle hier auf die sozialdemokratische Bewegung Rücksicht nehmen und zusehen, daß man nicht noch mehr Sozialdemokraten schafft. Ich möchte aber darauf hinweisen, daß gerade die Lasten dieses Gesetzes doch auch Leute treffen, die durchaus zu den „schwachen Elementen" gehören. (Sehr richtig!) Wir sind zwar hier im Centralverband Deutscher Industrieller, und vielleicht nur befugt, die Frage vom Standpunkt des Interesses der Industrie aus zu behandeln; aber ich möchte doch darauf hinweisen, daß das Gesetz auch in ganz außerordentlichem Maße den Mittelstand trifft. (Sehr richtig!) Es will dieses Gesetz für alle Beamten mit weniger als 2000 M. eine Doppelversicherung einführen. Wer hat denn die Beamten mit weniger als 2000 M.? In ganz besonderem Maße doch der Mittelstand, die Detaillisten, die kleinen Geschäftsleute, gerade diese haben ganz besonders viele so niedrig bezahlte Angestellte, wir laufen ernstlich Gefahr, auch diesen Mittelstand in die Sozialdemokratie, in die Reihen der Unzufriedenen, hineinzudrängen, wenn wir ihm immer mehr Lasten auferlegen, anstatt ihm seine Existenz zu erleichtern.

Wenn weiterhin auch auf die Bestimmungen über die Konkurrenzklausel hingewiesen ist, so scheint mir hier eine Analogie ganz und gar nicht vorzuliegen. Ich möchte darauf hinweisen, daß diese Bestimmungen über die Konkurrenzklausel noch gar nicht einmal Gesetz sind, sondern daß auch dies bis jetzt nur Vorschläge sind, die seitens der Industrie sehr angefochten worden sind, und die noch durchaus keine allgemeine Anerkennung gefunden haben. Höchstens hätte man diese Analogie heranziehen können, wenn es sich bei der Konkurrenzklausel um ein schon eingelebtes, gut funktionierendes Gesetz handelte; aber auch hier handelt es sich bis jetzt um weiter nichts als um Vorschläge und Gesetzentwürfe.

Wenn ferner Herr Professor Moldenhauer auf die Flüssigkeit der Grenzen innerhalb des Kreises der Versicherten hingewiesen hat, so möchte auch ich aufmerksam machen auf alle die zahlreichen Gruppen, bei denen man nicht weiß: „Sind sie nur Arbeiter im Sinne der Versicherungsgesetzgebung oder Angestellte im Sinne des neuen Gesetzes?“ Es gibt auch zahlreiche Fälle, in denen ein Arbeiter, der auf Grund des alten Gesetzes versicherungspflichtig gewesen ist, dann wieder einige Wochen in einer Tätigkeit ist, auf Grund deren er der Versicherungspflicht beider Gesetze unterworfen sein würde, und dann auch wieder einmal eine Zeitlang nicht, ohne daß sich dies in der Praxis mit Sicherheit auseinanderhalten und feststellen lassen würde.

Ich kann nur zu dem Schluß kommen: „Eine Erhöhung der Grenze der allgemeinen Invaliditätsversicherungspflicht auf 3000 Mark scheint auch mir angebracht.“ Man wird bedenken müssen, daß das Invalidenversicherungsgesetz schon zwanzig Jahre alt ist. Was damals ein Einkommen von 2000 M. war, ist heute 2500 M., vielleicht auch 3000 M. Ich bin daher der Meinung, man solle die Grenze der allgemeinen Invalidenversicherung auf 3000 M. heraufrücken. Man wird bei den Einkommenklassen, welche hierdurch hinzukämen, also bei den Klassen von 2000 M. bis 3000 M., wohl auch den Reichszuschuß bewilligen können, ohne daß die Folge eintritt, die der Herr Geheimrat Beckmann angedeutet hat, daß das Reich hierzu nicht fähig sein würde. Damit sollte man aber Schluß machen und diejenigen Angestellten, die mehr als 3000 M. haben, selbst für ihr Alter und ihre Invalidität sowie für ihre Angehörigen Fürsorge treffen lassen, auf demjenigen Wege, der jedem einzelnen nach seinen persönlichen Verhältnissen als der beste erscheint. Angestellte mit Einkommen von mehr als 3000 M. sind im allgemeinen intelligente und gebildete Leute, die sehr wohl wissen und wissen müssen, daß sie für ihre und der ihrigen Zukunft sorgen müssen. Gelegenheit hierzu bieten ihnen in reichlicher Auswahl die trefflichen und schönen vorhandenen Kasseneinrichtungen aller Art, die durch das neue Gesetz schwer geschädigt werden würden, die zahlreichen Lebensversicherungsgesellschaften, welche die Möglichkeit vorteilhafter Versicherung bieten ohne einen großen und teuren neuen Apparat, oder auch die Versicherungen des Privatbeamten-Vereins.

Vorsitzender: Ich möchte die verehrten Herren, die auf der Rednerliste stehen, bitten, nunmehr recht kurz zu sein, da die Zeit doch schon ziemlich weit vorgeschritten ist.

Geheimer Oberregierungsrat Dr. **Beckmann:** Meine Herren, der Herr Vorredner hat nochmals darauf hingewiesen, daß der Begriff der Invalidität im Invalidenversicherungsgesetz sich im wesentlichen decke mit dem Begriff der Berufsunfähigkeit in dem vorliegenden Entwurf des Angestelltenversicherungsgesetzes, und gemeint, daß die Aerzte, welche die Invalidität bescheinigen müßten, die verschiedenen Begriffe kaum unterscheiden könnten. Meine Herren, die Aerzte sollen bei der Invalidenversicherung und auch künftig bei der Angestelltenversicherung nicht das Vorliegen des Versicherungsfalles bescheinigen, sondern den Zustand und medizinischen Befund des Renten- oder Ruhegeldsuchers schildern. Auf Grund dieses Befundes und des Berichts über die wirtschaftlichen Verhältnisse des Antragstellers müssen dann die zuständigen Stellen den Antrag prüfen und über ihn entscheiden. Weitere Funktionen sind dem Arzte weder bei der Invalidenversicherung noch bei der neuen Versicherung zugedacht. Ich möchte in dieser Beziehung auf die vom preußischen Handelsministerium herausgegebene Anweisung über das Verfahren bei Prüfung von Rentenanträgen vor den unteren Verwaltungsbehörden hinweisen, welche die Erfahrungen wiedergibt, die von preußischen Kommissaren auf den in Verbindung mit Vertretern des Reichsamts des Innern und des Reichsversicherungsamts über die Durchführung des Invalidenversicherungsgesetzes in Preußen gemachten Reisen gesammelt sind. Daß aber die Aerzte, wie der Herr Vorredner meinte, die verschiedenen Begriffe der Invalidität und der Berufsunfähigkeit nicht sollen auseinanderhalten können, möchte ich nicht annehmen. Sie müssen es schon heute bei den vielen Werkspensionskassen, den Knappschaftskassen und ähnlichen Versicherungseinrichtungen, die in ihrer Satzung im allgemeinen Berufsinvalidität vorsehen, und deren Mitgliedern die reichsgesetzliche Invalidenrente erst dann gewährt wird, wenn reichsgesetzliche Invalidität vorliegt.

Meine Herren, der Herr Vorredner hat darauf hingewiesen, daß die neue Belastung den Mittelstand schwer treffe und von diesem nicht getragen werden könnte. Wir haben uns bei Aufstellung des

Entwurfs auch hierüber ein Bild zu machen versucht und sind dabei von der Annahme ausgegangen, daß die Kosten der neuen Versicherung schließlich durch Erhöhung der Warenpreise auf die Konsumenten abgewälzt werden. Vergleicht man aber die neue Belastung mit dem Preis des Warenumsatzes, so ist das Bild kein so erschreckendes. Unsere Feststellungen haben ergeben, daß bei 47 mehr oder minder großen Unternehmungen aus allen Teilen des Reichs mit einem Umsatz von jährlich 50 000 M. bis 25 000 000 M. die Gesamtkosten auf je 100 M. Umsatz im Höchstfalle 0,59 M., im Mindestfalle 0,03 M. betragen. Innerhalb dieser Grenzen liegen alle übrigen Prozentverhältnisse. Bei einem Manufakturwarengeschäft mit 60 000 M. Umsatz würden sie 0,14 M. auf 100 M., bei einem Zigarrengeschäft mit 50 000 M. Umsatz 0,40 M. auf 100 M. Umsatz usw. betragen. Ich will die Zahlen nicht alle mitteilen, stelle sie aber zur Einsicht gern zur Verfügung.

Meine Herren, auch der Herr Vorredner hat auf die Gewährung des Reichszuschusses hingewiesen und diesen für den Anschluß der neuen Versicherung an die Invalidenversicherung ins Treffen geführt. Ich gestatte mir wiederholt darauf hinzuweisen, daß die Finanzlage des Reichs eine weitere Ausdehnung des Reichszuschusses nicht zuläßt und möchte in dieser Beziehung — auch dem Herrn Abgeordneten Dr. Beumer gegenüber — auf die Begründung zur Reichsversicherungsordnung hinweisen, in der die Verbündeten Regierungen gegen jede Mehrforderung an Reichszuschuß die schwersten Bedenken ausdrücken.

Der Herr Vorredner hat endlich auch auf die Schädigung hingewiesen, die der Entwurf den Lebensversicherungsgesellschaften zufügen wird. Meine Herren, die bestehenden Lebensversicherungsverträge werden im Entwurf sowohl im Interesse der Unternehmungen als auch der Versicherten geschont. Das ist uns auch von unserem früheren Kollegen, dem Generaldirektor des Nordstern, Herrn Geheimrat Hakeloer bestätigt, der in Gegenwart seines Chefmathematikers Herrn Schmigalla sich auch dahin äußerte, daß der Entwurf der beste Agent für die Lebensversicherungsgesellschaften sein und den Versicherungsgedanken in immer weitere Kreise tragen würde. Auch ich möchte glauben, daß sich nach dem Inkrafttreten des neuen Gesetzes die Lebensversicherung der Privatangestellten in gleicher Weise heben wird wie die Volksversicherung nach der Einführung der Invaliditäts- und Altersversicherung, die von 128,11 Millionen Mark Versicherungssumme im Jahre 1890 trotz der Invaliden- und Krankenversicherung auf 1521,05 Millionen Mark mit 7 571 760 Policen im Jahre 1909 gestiegen ist. Damals wurden bei Einbringung des Invalidenversicherungsgesetzes die gleichen Befürchtungen laut, die jetzt bei Veröffentlichung des Gesetzentwurfs geäußert worden sind. Ich hoffe, daß die Erfahrungen das Gegenteil beweisen werden.

Dr. **Vonikowsky**: Herr Professor Moldenhauer hat darauf hingewiesen, daß gegen den vorliegenden Gesetzentwurf in der rheinisch-westfälischen Eisenindustrie große Bedenken bestehen. Die oberschlesische Industrie hat in ihrer Gesamtheit zu dem Gesetzentwurf noch keine Stellung genommen. Soweit mir die Stimmung in Oberschlesien bekannt ist, kann ich indessen nur mitteilen, daß auch bei uns große Bedenken gegen die Aufmachung der Angestellten-Versicherung in Form einer Sonderkasse, sowie gegen die geplante weite Ausdehnung dieser Versicherung bestehen, und daß man hierfür auch bei uns einen einfachen Ausbau der Invalidenversicherung für weitaus geeigneter und besser hält. Man weist im übrigen in Oberschlesien — und wie ich meine, mit vollem Recht — darauf hin, daß die soziale Belastung von Industrie und Gewerbe die Grenze des Erträglichen schon heute erreicht hat; nun werde durch die neue Reichsversicherungsordnung diese Last noch weiter ganz außerordentlich erhöht; da wäre es doch wirklich nur eine Forderung der Billigkeit, daß man der Industrie wenigstens erst Zeit lassen möchte, sich auf *diese* Lasten einzurichten, ihre Kalkulation danach zu machen usw., ehe man ihr wiederum neue Lasten aufbürdet. (Sehr richtig!) Ein solcher Aufschub dürfte um so eher am Platze sein, als die entscheidenden Vorfragen für die Angestellten-Versicherung noch keinesfalls so genügend geklärt sind, als das erforderlich ist. Insbesondere scheint der Umfang der Versorgung der Angestellten durch private Versorgungseinrichtungen, Pensionskassen der Arbeitnehmer usw. noch nicht genügend erforscht zu sein. So viel ich weiß, liegen hierüber nur Erhebungen durch die Privatbeamtenvereine selbst vor, die ich als zuverlässig nicht ansprechen kann. In dieser Beziehung hat die oberschlesische Montanindustrie unlängst umfangreiche Erhebungen veranstaltet, die sehr lehrreich sind. Hiernach gehörten in Oberschlesien von den Angestellten im Bergbau allein auf Grund der Knappschaftsversicherungseinrichtungen 67,4 Prozent einer Pension- und Hinterbliebenenversicherung an; von den verheirateten Angestellten waren es sogar 73 Prozent. Hierzu kommen dann für einen großen Teil der bergbaulichen Angestellten noch Versorgungseinrichtungen bei den von den Werken selbst eingerichteten Pensionskassen. Von den Angestellten der nicht knappschaftlichen Betriebe in Oberschlesien, den Eisen-, Zink- und Bleihütten usw., hatten 62,4

Prozent eine Pensions- und Hinterbliebenenversicherung durch die von den Werken eingerichteten Pensionseinrichtungen; von den verheirateten Angestellten waren es sogar 65,1 Prozent. — Ich zweifle nicht, daß entsprechende Erhebungen in der übrigen Großindustrie, bei den Großbanken, Versicherungsinstituten und Großhandelshäusern ein ähnliches Resultat zutage fördern und somit ergeben würden, daß für eine großen Prozentsatz der Privatangestellten bereits jetzt in hinlänglicher Weise vorgesorgt ist.

Die Analogie bezüglich der Einkommensgrenze von 5000 M. mit der Konkurrenzklausel kann ich als zutreffend zunächst überhaupt nicht anerkennen. Im übrigen weise ich darauf hin, daß große Teile der Arbeitgeberschaft die fragliche Konkurrenzklausel-Bestimmung entschieden bekämpft haben. Man kann sich doch nun der Industrie gegenüber im vorliegenden Falle unmöglich auf eine Bestimmung berufen, die im früheren Falle gegen ihren Willen in die Gesetzgebung aufgenommen worden ist.

Zu den Ausführungen des Herrn Geheimrat Dr. Beckmann muß ich sagen: Man darf doch unmöglich die Lasten eines Unternehmens nach ihrem Verhältnis zum Umsatz beurteilen. (Sehr richtig!) Das würde doch zu ganz unhaltbaren Konsequenzen führen. Offenbar kann nur die Beziehung der Lasten zum Reingewinn ein zutreffendes Bild geben. Das von Herrn Geheimrat Beckmann erwähnte Zigarrengeschäft, das einen Umsatz von 40 000 M. hat, wird — ich schätze es hoch ein — froh sein, wenn es einen Reinverdienst von 3000 M. hat. Hierzu betrachtet, sind die Lasten aus der Angestelltenversicherung aber zweifellos sehr hoch.

Dr. **Dietrich**: Nur noch ganz kurz die Stimmung in einer sächsischen Handelskammer, die ich vertrete, Plauen. Sie ist vielleicht eine der ersten gewesen, die für eine Angestelltenversicherung eingetreten ist, und zwar nicht aus irgendwelchen parteipolitischen oder sonstigen Gründen, sondern aus allgemeinen Gründen, weil sie der Meinung ist, daß die Angestellten nach den wirtschaftlichen Verhältnissen im allgemeinen in ihrer Mehrheit immer abhängig bleiben werden. Dieser Standpunkt ist ja auch in der Resolution des Centralverbandes Deutscher Industrieller aufrecht erhalten mit der Beschränkung, daß man die Leistungsfähigkeit der Industrie zu berücksichtigen habe. Unter diesem letzteren Gesichtspunkt haben wir zunächst auch unter Kritik des österreichischen Gesetzes geglaubt, daß es am besten wäre, die Angestelltenversicherung in die Invalidenversicherung einzugliedern. In dem Entwurf, der in der zweiten Denkschrift steht, ist aber doch ausdrücklich das Prinzip schon ausgesprochen, daß man auseinander halten will die allgemeine Erwerbsinvalidität und Berufsinvalidität. Nach den Ausführungen des Herrn Direktor Meesmann scheint es aber doch — und es ist ja auch hier wiederholt zum Ausdruck gekommen — als wenn die beiden Begriffe verschwömmen. Nach der begrifflichen Erklärung ist die Grenze auch nicht scharf gezogen, aber was gemeint ist, ist doch ganz klar. Man könnte sagen, daß nach dem Invalidengesetz die absolute Erwerbsunfähigkeit und für die Angestelltenversicherung nur eine relative Erwerbsunfähigkeit gemeint ist. Wenn das der Fall ist — man kann auch darauf Rücksicht nehmen, daß nach der Invalienversicherung nur ein Drittel und hier die Hälfte der Erwerbsfähigkeit angenommen wird — wenn das der Fall ist, so sind wir der Meinung, daß, wenn man diesen Grundsatz annehmen will, man auch zu der Sonderversicherung kommen kann. Das ist doch schließlich nur eine Frage der praktischen Erwägung. Der Begriff könnte dann ja noch klarer gestellt werden. Nach den Ausführungen der Regierungsvertreter hat sich ja gerade bei der Invalidenversicherung in der Praxis eine nicht gerechtfertigte Anwendung des Begriffs ergeben. Aber es hat sich da auch gezeigt, daß das in der Praxis wieder korrigiert werden kann. Also man kann das wohl auseinanderhalten, und ich halte es für richtig, daß man hier den Begriff der Berufsunfähigkeit festhält.

Dann aber ist es nicht gerechtfertigt, in bezug auf die Leistungen nur einzelne Witwenrenten herauszugreifen. Wir haben uns auf den Standpunkt gestellt, daß der Schwerpunkt auf dem Ruhegehalt der Angestellten liegen muß, und da sind doch Beträge vorgesehen, die bis zu einem gewissen Grade immerhin befriedigen müssen.

Wir haben uns also auf den Standpunkt gestellt, daß wir einer derartigen Versicherung wohl beipflichten und die Frage der Einbeziehung in die Invalidenversicherung oder der Errichtung einer Sonderkasse als eine Frage der praktischen Erwägung mehr betrachten. Wenn aber Herr Geheimrat Kauffmann gemeint hat, es könne zur Vermeidung der Belastung der Industrie so verfahren werden, daß man die ganze Invalidenversicherung auf die 3000 M.-Grenze setzt, so glaube ich, daß vom Standpunkt der Belastung damit die Industrie vom Regen in die Traufe kommen wird.

Dr. **Beumer**: Ich will nur gegenüber Herrn Geheimrat Koch die kurze Feststellung machen, daß sich die Begründung zum Gesetzentwurf von Seite 66 bis 70 mit der Stellung des

Reichstags beschäftigt und auf Seite 66 Auszüge aus den Reden der Abgg. Beck, Trimborn, Linz, Schack, Ablaß und Dr. Stresemann mitgeteilt werden. Dann wird weiter gesagt: Die konservative Partei hat durch Dr. Dröscher, die fortschrittliche Partei durch Hormann das und das erklärt; im gleichen Sinne sprachen sich Burckhardt für die Wirtschaftliche Vereinigung und Nacken für das Zentrum aus, und schließlich heißt es, daß die Verbündeten Regierungen sich der Ueberzeugung von der Notwendigkeit der Versicherung nun nicht mehr hätten verschließen können. Das bedeutet doch implizite, der Reichstag hat die Versicherung gewollt, und wir haben uns der Ueberzeugung von der Notwendigkeit nicht verschließen können.

Dann möchte ich weiterhin feststellen, daß unmittelbar vorher von der Denkschrift die Rede ist, die im Buchhandel in 1720 Exemplaren abgesetzt sei und daß es sich bei der ablehnenden Kritik nur um verhältnismäßig wenige Stimmen gehandelt habe. Zu diesen „verhältnismäßig wenigen" Stimmen gehört z. B. der „Allgemeine Versicherungsverband", den Herr Professor Dr. jur. Moldenhauer als Geschäftsführer leitet, ein Verband, der in der ganzen deutschen Industrie verbreitet ist und auch einen großen Teil der deutschen Landwirtschaft umfaßt. Auch habe ich schon an einem anderen Orte darauf hingewiesen, daß die Stimmen der Wissenschaft sich im wesentlichen ebenfalls gegen die Denkschrift ausgesprochen haben. Nehmen Sie hinzu, daß beispielsweise der Verein zur Wahrung der gemeinsamen wirtschaftlichen Interessen in Rheinland und Westfalen sich lediglich deshalb nicht mit einer besonderen Eingabe gegen die Denkschrift an das Reichsamt des Innern gewandt hat, weil er in dem genannten Allgemeinen Versicherungsverbande vertreten ist, in dem ich die Stelle des II. Vorsitzenden einnehme, so wird man doch nicht von „verhältnismäßig wenigen" Stimmen reden dürfen. Wenn man die Stimmen zudem wägt und nicht zählt, dann darf man nicht mit einem Hinweis auf 700 000 Angestellte kommen und zugleich einen Verband, der die Industrie und einen großen Teil der Landwirtschaft umfaßt, als eine quantité négligeable behandeln.

Geheimer Oberregierungsrat **Koch:** Zunächst möchte ich darauf hinweisen, daß der Versicherungsschutzverband sich durchaus nicht gegen die Angestellten-Versicherung ausgesprochen hat. (Dr. Beumer: Er hat sich gegen die Denkschrift ausgesprochen!) Es handelt sich nicht um die Denkschrift, sondern um die Begründung — das gilt auch für die früheren Ausführungen des Herrn Dr. Beumer. Die

Begründung hat aber lediglich dasjenige historisch aufgenommen, was im Reichstag vorgebracht worden ist, und sie fährt nicht fort: „Die Verbündeten Regierungen können sich der Ueberzeugung nunmehr nicht verschließen", sondern sie beginnt ganz selbständig: „sie können sich der Ueberzeugung nicht verschließen", und fährt dann fort, warum sie sich nicht verschließen können. Dann möchte ich mir gestatten, darauf hinzuweisen, daß die Herren in ihren weiteren Erwägungen sich davon leiten lassen mögen, daß eine ausschließliche Beschränkung auf den Ausbau der Invalidenversicherung im Endeffekt meiner Ueberzeugung nach einer Verwerfung der Angestelltenversicherung gleichkommen würde, und zwar aus folgendem einfachen Grunde. Den Herren ist bekannt, daß die Reichsversicherungskommission die zweite Lesung nahezu abgeschlossen hat. Die Frage der Angliederung an die Invalidenversicherung ist dort eingehend behandelt und die Ansetzung höherer Lohnstufen endgültig abgelehnt worden. Wenn die Herren also auf dem Standpunkt stehen bleiben wollen, daß nur eine Angliederung an die Invalidenversicherung in Frage kommt, dann würde das, wie gesagt, im Effekt meines Dafürhaltens der Verwerfung der Versicherung überhaupt gleichkommen.

Generalsekretär **Bueck**: Die Delegiertenversammlung des Centralverbandes Deutscher Industrieller, auf die der Herr Vorsitzende hingewiesen hat, war zu dem besonderen Zwecke, Stellung zu den verschiedenen sozialpolitischen Fragen zu nehmen, anberaumt worden. Sie war eine große imposante Versammlung, um gegenüber den vielfachen Angriffen der Gegner, die das Gegenteil behaupteten, zu beweisen, daß der Centralverband Deutscher Industrieller durchaus nicht ein Gegner der Sozialpolitik ist, sondern daß er bei allen sozialpolitischen Gesetzen, den Arbeiterversicherungs-Gesetzen, eine zustimmende, sogar fördernde Stellung eingenommen hat. Er hat sich auch inbezug auf diese Versicherung, wie der Herr Vorsitzende auch schon dargelegt hat, zustimmend ausgesprochen, jedoch nur, wenn sie in maßvollen Grenzen gehalten würde. Ich bin überzeugt, wenn dieselbe Delegiertenversammlung in der alten Zusammensetzung jetzt zur Beschlußfassung käme, so würde sie wahrscheinlich ganz in dem Sinne der Ausführungen des Herrn Justizrat Wandel Stellung nehmen und die jetzt beliebte Grenze von 5000 M. nicht als maßvoll bezeichnen.

In bezug auf diese hochgegriffene Grenze möchte ich mir erlauben, einen Gesichtspunkt, der noch nicht zur Erörterung gekommen ist, hier ergänzend zu erwähnen. Sehen Sie sich doch andere Volkskreise an, nehmen Sie doch die außerordentlich große Zahl der Detaillisten

— ich darf gar nicht sagen der Kleindetaillisten —, nehmen Sie doch einen sehr bedeutend großen Teil unserer Handwerker, fassen Sie eine weite Gruppe unserer Aerzte und Rechtsanwälte (Zuruf: Amtsrichter!) ins Auge, die alle sich sehr glücklich schätzen würden, wenn sie ein Einkommen von nur 3000 bis 4000 M. verdienten, aber in vielen Fällen sich mit weniger begnügen müssen. Nun bitte ich Sie, sich zu erinnern, daß vor 10, 12 Jahren von einer Pensionsversicherung der privaten Angestellten überhaupt noch keine Rede war. Dann sind aber geschickte Agitatoren gekommen und haben die Sache wie man so sagt, auf die Hörner genommen und eine starke Bewegung für die Sache ins Werk gesetzt. Wer steht dafür, daß diese Sache nicht auch von geschickten Agitatoren für die anderen von mir bezeichneten Gruppen in die Hand genommen wird, daß auch diese Gruppen die Sicherstellung ihrer Zukunft und der ihrer Familien vom Staate verlangen. Ich glaube nicht, daß Gründe aufzufinden sein würden, mit denen man diesen Gruppen beweisen könnte, daß mit der Aufnahme der Privatangestellten als Staatspensionäre mit dieser Politik Schluß gemacht werden müsse. Würden aber alle Staatsbürger, die nicht mehr als 5000 M. verdienen, mit ihren Angehörigen zu Staatspensionären gemacht werden, so würden wir nicht mit einem Beine, sondern mit b e i d e n Beinen im sozialdemokratischen Zukunftsstaat stehen. (Sehr richtig!)

Im übrigen ist das Direktorium des Centralverbandes Deutscher Industrieller und der Herr Vorsitzende bei diesem Gesetzentwurf ebenso vorgegangen wie bei der Reichsversicherungsordnung. Auch damals haben wir eine größere Kommission zusammengebeten, die Referate verteilt, und haben dann Stellung zu der Sache genommen. Nicht allein das, wir haben schon in der ersten Beratung — es folgte nachher noch eine zweite, sehr eingehende —, aber schon bei der ersten Beratung bestimmte Leitsätze aufgestellt für die Stellungnahme des Centralverbandes Deutscher Industrieller, und das war sehr gut; denn es war sehr notwendig, noch ehe die großen Organe des Centralverbandes Deutscher Industrieller Gelegenheit gehabt hatten, ihre Stellung zu nehmen, die im Centralverbande Deutscher Industrieller herrschenden Ansichten zum Ausdruck zu bringen. Es war sehr gut, daß wir diese Beschlüsse hatten, denn wir konnten mit gutem Gewissen diese Beschlüsse der Kommission als Stellung des Centralverbandes Deutscher Industrieller ansehen und verwenden. Wir hatten heute die Ehre, die Mitteilung zu empfangen, daß in den nächsten Tagen schon dieser Gesetzentwurf an den Bundesrat gehen werde, und nach den bisherigen Erfahrungen dauert die Beratung selbst der wichtigsten Gesetzentwürfe im Bundesrat nicht lange; so könnten wir in wenigen Tagen hören, daß der Gesetzentwurf fertig aus dem Bundesrat herauskommt; dann noch Aenderungen hereinzubringen, ist sehr schwer. Ich würde es daher für wünschenswert erachten, heute schon bestimmte Leitsätze festzustellen. Die heutige Versammlung eignet sich nicht dazu, durch Abstimmung über die einzelnen Punkte zu dieser Stellung zu nehmen, aber sie eignet sich wohl dazu, allgemeine Hauptgrundsätze festzustellen, und ich möchte die Bitte an die Herren Referenten richten, nach Maßgabe der Ansichten, die hier geäußert sind, solche Leitsätze auszuarbeiten, so daß wir am Schluß der Versammlung sie schon fertig haben, für den Fall, daß eine Erklärung des Centralverbandes Deutscher Industrieller erforderlich werden sollte, bevor es möglich ist, den Ausschuß oder die Versammlung der Delegierten zu berufen.

Vorsitzender: Die Rednerliste ist erschöpft, ich darf also die Diskussion schließen.

Ich erteile Herrn Direktor Meesmann das Schlußwort.

Direktor **Meesmann** (Schlußwort): Die Ausführungen der Herren Vertreter der Regierung haben mich, ich muß das offen bekennen, nicht befriedigt. Ich habe gehofft, durch die heutige Verhandlung in vielem belehrt zu werden, in wichtigen Punkten ist dies aber doch nicht der Fall gewesen.

Zunächst die Frage der Berufsinvalidität. Die Ausführungen des Herrn Geheimrat Dr. Beckmann waren in keiner Weise für mich überzeugend. Es hat ja ein anderer Herr schon darauf aufmerksam gemacht (Zuruf: Herr Professor Moldenhauer) — Herr Professor Moldenhauer —, daß ja das wesentliche in dem Nachsatz, in der Definition des Begriffes Berufsinvalidität liegt? Da kann ich nun einen wesentlichen Unterschied zwischen dieser Definition und der der Invalidenversicherung nach wie vor nicht finden. Wenn sich jemand etwas anderes darunter denkt, dann ist das eine Sache für sich, aber aus der Fassung kann ich einen Unterschied absolut nicht entnehmen. Ich habe auf die Rechtsprechung des Reichsversicherungsamtes hingewiesen und das Beispiel von dem Schreiber und dem Werkmeister angeführt. Diese beiden Beispiele sind mir nicht widerlegt worden. Herr Geheimrat Beckmann verweist auf die Revisionsreisen und ihre Erfolge. Ich muß konstatieren, daß nicht in dem Bericht des Reichsversicherungsamtes steht, daß die falsche Auffassung von der Berufsinvalidität die großen Mehrlasten verursacht habe. Das ist nur einer der drei Gründe; Tatsache scheint mir zu sein, daß man einfach zu lax bei der Rentengewährung vorgegangen ist. Die Gemeindevorsteher wollten sich vielfach beliebt machen und haben ungenügend begründete Gesuche weitergegeben; es gab keine Instanz, die darauf gedrückt hat: hier liegt noch keine Invalidität vor. Ich bin also nicht der Meinung, daß diese Sache anders aussieht, als ich sie vorhin dargestellt habe.

Nun hat Herr Geheimrat Beckmann gesagt, man müsse den Witwen der Privatangestellten eine größere Fürsorge geben, als sie die Invalidenversicherung biete. Was aber der vorliegende Entwurf bringt, ist doch auch keine genügende Fürsorge. Auch der mit den bescheidensten Ansprüchen ausgestattete Privatangestellte wird doch nicht zugeben, daß es eine ausreichende Fürsorge ist, wenn bei einem Gehalt von 4000 M. die Witwe 273 M. Rente bekommt! Ein solche Witwe wird nach wie vor darauf angewiesen sein, noch etwas zu erwerben auf dem Wege der Ausübung irgend einer Berufstätigkeit.

In bezug auf die Belastung einzelner Betriebe kann ich nur erklären, daß der Umsatz kein Vergleichsmaßstab ist. (Sehr richtig!) Man kann die Belastung mit zwei Momenten vergleichen, mit der Lohn- und Gehaltssumme und mit dem Ertrag. Diese zwei Maßstäbe gibt es. Aber der Umsatz ist zum Vergleich absolut ungeeignet. Bei manchen Branchen ist der Umsatz ganz enorm (Bueck: Und bringt Verlust!), bei anderen sehr klein. Der Umsatz in nicht verarbeitetem, in Rohmaterial will ich sagen, bedeutet etwas ganz anderes als der Umsatz in Feinfabrikaten. Es kommt darauf an: um wieviel wird der Posten Gehalt und Lohn vermehrt und der Verdienst reduziert. Ich habe hier zwei Beispiele. In dem einen Falle werden 20 000 M. Löhne und Gehälter gezahlt, da macht der Versicherungsbeitrag 581 M. aus, das sind 2,8 pCt. Dann habe ich die Belastung eines kleinen Geschäfts aufgestellt. Der Mann hat zwei Kommis mit 1200 und 1500 M. Gehalt, zwei Lehrlinge mit 150 und 300 M., einen Arbeiter mit 1050 M. Lohn, sein eigenes Einkommen beträgt 3400 M. Der Mann hat heute folgendes zu zahlen: Einkommensteuer 66 M., Gewerbesteuer 40 M., Gemeindeeinkommensteuer 70 M., Krankenversicherung 63 M., Unfallversicherung 30 M., Invalidenversicherung 42,90 M., dazu kommt jetzt die Angestelltenversicherung mit 100,80 M., macht zusammen 412,70 M. oder 12,01 pCt. des Einkommens. Das sind doch Zahlen, über die man so leicht nicht hinwegkommt; es kommt immer eins zum anderen. (Sehr richtig!)

Auch bezüglich des Kreises der versicherten Personen sind meine Zweifel leider nicht gehoben. Der Hinweis auf die Rechtsprechung des Reichsversicherungsamtes genügt mir nicht. Es kommt darauf an, welche Grundlage für die spätere Rechtsprechung des Reichsversicherungsamts hier im Gesetz gegeben wird. Was dann die Annahme betrifft, es hätten sich nur ganz wenige Körperschaften für den Ausbau der Invalidenversicherung erklärt, so bemerke ich, daß z. B. auch der Mittelrheinische Fabrikantenverein, und eine Menge von Handelskammern sich hierfür ausgesprochen haben. Neuerdings hat sich auch eine große Vereinigung von Arbeitgeberverbänden zur Förderung des Ausbaues der Invalidenversicherung gebildet; die ist auch nicht in der Denkschrift genannt. Es mag ja sein, daß sie verspätet auf den Plan getreten ist; aber jedenfalls ist es sicher, daß große Kreise der Arbeitgeber auf einem anderen Standpunkt stehen, und wenn die Privatangestellten an das Reichsamt des Innern mit ihren Wünschen auf Sonderversicherung herantraten, so wäre es doch zweckmäßig gewesen, zu sagen: wir wollen auch die Arbeitgeber zuziehen und kontradiktorisch verhandeln. Ich bin übrigens nicht so optimistisch, zu denken, daß hinter dem Hauptausschuß nun wirklich die 700 000 Angestellten stehen. Wenn man weiß, wie Agitation getrieben wird, erlebt man sein blaues Wunder; da wagt niemand gegen die Führer aufzustehen, aber hinterher wird darüber geschimpft, daß für lächerliche Leistungen solche Beiträge abgenommen werden.

Nun muß ich trotzdem sagen, ich bin nicht in der Lage, heute zu der Sache eine definitive Stellung zu nehmen, und zwar aus dem Grunde, den ich in meinem Referat auch erwähnt habe, weil wir noch nicht aus der Diskussion ein bestimmtes Bild darüber bekommen haben: was bei einem Ausbau der Invalidenversicherung erreicht werden wird. Es fehlt vollständig die Unterlage, und in der Geschwindigkeit können wir sie nicht schaffen. Deshalb bin ich nicht in der Lage, heute schon Stellung zu nehmen.

Dann noch ein Gesichtspunkt. Hier soll eine Versicherung geschaffen werden, die lediglich auf Beiträgen der Arbeitgeber und Arbeiter beruht. Das Reich ist gar nicht beteiligt; folglich kann man die Sache auch aus dem Gesichtspunkt betrachten: große Werke tun heute schon viel für ihre Angestellten, mehr als hier geschehen soll. In anderen Betrieben ist der Wunsch dazu vorhanden, er kann aber nicht erfüllt werden, weil die Leute sagen; aus Konkurrenzrücksichten kann ich die Lasten nicht übernehmen, ich kann sie nur übernehmen, wenn auch die Konkurrenten die Lasten tragen. Daraus kann man schließen, das, was jetzt freiwillig geschieht, kann man auch, wenn die Beteiligten die Kosten zu zahlen gewillt sind, auf dem Wege der Zwangsversicherung machen, die der Staat zwar gesetzlich festlegt, deren Verwaltung aber in den Händen der Beteiligten ruht. Letzteres ist hier nicht der Fall, aber man kann ja den Entwurf anders gestalten. Auch aus diesem

Grunde ist für mich die Sache heute noch nicht spruchreif, und — ich komme zu dem Schluß — diese Frage ist von einer so großen grundsätzlichen Tragweite und so schwierig in ihren Einzelheiten, daß eine Ueberstürzung der größte Fehler wäre. Infolgedessen müssen wir den dringendsten Appell an die Regierung richten und auch an den Reichstag, diese Ueberstürzung unter keinen Umständen eintreten zu lassen.

Vorsitzender: Ich möchte nun resümieren, was aus den stundenlangen Verhandlungen, die wir über diese Regelung gepflogen haben, an wichtigen Punkten herausgekommen ist.

Ich stimme dem, was Herr Direktor Meesmann eben ausgeführt hat — und ich glaube, ich kann das auch als Auffassung der versammelten Herren festlegen —, durchaus bei, daß, so wünschenswert es auch wäre, heute definitiv Stellung zu nehmen, die Sache noch nicht so spruchreif ist, daß man dies in allen Beziehungen wird tun können. Wohl aber ist in einigen Beziehungen ein gewisser Leitfaden da: daß wir uns stellen wollen auf den Boden der Erklärung, die im Oktober 1907 der Centralverband angenommen hat, die ich vorhin verlesen habe; des weiteren aber, daß wir lebhaft bedauern, und zwar aus wesentlichen Gründen lebhaft bedauern, daß in dieser hochwichtigen Angelegenheit mit solcher Eile vorgegangen wird und daß unserer Ansicht nach von uns alles darangesetzt werden muß, um eine übereilte Gesetzgebung auf diesem Gebiete zu verhindern, selbst auf die Gefahr hin, daß man uns in diesem Falle wieder einmal für unsozial erklärt.

Im übrigen stehen die hier versammelten Herren auf dem Standpunkt, daß sie es grundsätzlich bedauern, daß es nicht möglich zu sein scheint, diese Privatangestelltenversicherung in den Rahmen der Reichsversicherungsordnung hineinzuarbeiten; auch nicht angezeigt zu sein scheint, diese Privatangestelltenversicherung als ein Nachtragsgesetz zur Reichsversicherungsordnung später zu behandeln unter dem Gesichtspunkt der Invalidenversorgung.

Wir würden in dem Zusammenhang in weiteren Besprechungen die Gründe darzulegen haben, die uns zu dieser Stellungnahme bewegen, die also den Standpunkt perhorreszieren, ein besonderes Privatangestelltenversicherungsgesetz zu schaffen gegenüber dem Ausbau der Invalidenversicherung in Richtung auf die Versorgung der Angestellten. In dieser Beziehung ist aus der Diskussion der wichtigste Gesichtspunkt — ich lasse einige beiseite — vor allem der, daß eine Verschiebung der Versicherungsgrenze nach oben in dem im Entwurf vorgesehenen Maße nicht notwendig sein würde. Denn die Erklärung für diese Heraufsetzung der Grenze bis 5000 M. ist doch im wesentlichen in versicherungstechnischen Gesichtspunkten zu finden, namentlich in dem Gesichtspunkt, daß, wenn man bei 3000 M. halt macht, eine noch geringere Rente nun erreichbar wäre als bei einer Ausdehnung auf 5000 M. Das ist ja auch das, was überhaupt dagegen spricht. Wenn die Sache unter die versicherungstechnischen Gesichtspunkte der Privatpensionsversicherungsgesellschaften gestellt würde, wo es sich um viel billigere Risiken handelt, würde man mit wesentlich geringeren Beiträgen wohl wesentlich höhere Renten zu leisten in der Lage sein.

Man wird darauf hinweisen müssen, daß eine Versicherung im Ausbau des Invalidenversicherungsgesetzes zweckmäßiger ist als ein besonderes Gesetz. Hier wird hinzuweisen sein auf den schwankenden Begriff der Invalidität. Im Zusammenhang damit wird auch wohl da hervorzuheben sein, daß der Wunsch bei den Leuten, die heute dem Begriff der Invalidität aus dem Invalidenversicherungsgesetz unterliegen, seit Gott weiß wie langer Zeit dahingeht, diesen Begriff zu dem der Berufsinvalidität auszubilden.

Das sind, glaube ich, die wesentlichsten Bemängelungen, die gegen diese Fassung der Privatangestelltenversicherung in einem Sondergesetz geltend zu machen sind.

Dr. **Brandt:** Ich weiß nicht, ob der Herr Vorsitzende damit einverstanden ist, noch einen Gesichtspunkt in dieses Schlußresumé aufzunehmen. Der Herr Referent hatte in seinen Schlußworten darauf hingewiesen, daß wir von den Herren der Regierung nicht einmal auf die Frage, wie groß die allgemeine Belastung der Industrie sein würde, wenn man im Invalidenversicherungsgesetz neue Lohnklassen einfügte und die Grenze auf 3000 M. erhöhen würde, irgendeinen Aufschluß bekommen haben, und daß die Industrie ihre Stellung erst nehmen kann, wenn sie zu beurteilen imstande ist, welche Lasten sie damit übernimmt. Wäre es nun nicht zweckmäßig, wenn man zugleich als Beschluß der Versammlung das Reichsamt des Innern bittet, uns darüber Auskunft zu geben?

Vorsitzender: Ich habe diesen Gesichtspunkt in dem Resumé absichtlich ausgeschaltet, weil ich nach einer Bemerkung, die vorhin getan wurde, annehmen mußte, daß in diesem Augenblick eine Bitte an das Reichsamt des Innern gänzlich zwecklos sein würde: das Material ist nicht vorhanden. Das ist der innere Grund.

Geheimer Oberregierungsrat **Koch:** Ich würde Ihnen gern das Material geben, aber wir wissen doch gar nicht, wieviel Personen in diesen Grenzen stehen. Wir müßten also eine vollständige Lohnstatistik aufnehmen, das ist durchaus unmöglich.

Dr. Tille: Ich halte die Frage für außerordentlich wichtig, daß wir uns dahin äußern, daß wir entschieden gehört werden wollen. Es ist doch eigentümlich, daß nur die Hälfte der Frage vom Reichsamt des Innern geprüft worden ist, nur die Frage einer Versicherung der Angestellten mittels eines besonderen Versicherungsgesetzes, aber nicht die Frage des von den Unternehmern gewünschten Ausbaues des Invalidenversicherungsgesetzes bis zur Gehaltsgrenze von 3000 M. Es ist doch eigentlich unerhört, daß diese Frage überhaupt nicht für wert gehalten worden ist, geprüft zu werden. Die Fadenscheinigkeit der Gründe, welche die früheren Denkschriften der Regierung gegen diesen Ausbau vorgebracht haben, ist sowohl von Kollege Meesmann als von Herrn Prof. Moldenhauer vor Jahren aufs Schlagendste dargetan worden. Trotzdem stellt man sich in der neuen Begründung, als hätten diese angeblichen Gründe noch Geltung. Beim Ausbau der Invalidenversicherung steht der Regierung doch ganz anderes Material zur Verfügung als bei der Schaffung eines neuen besonderen Versicherungsgesetzes. Das Material, auf dem dieses fußt, ist ein Sammelsurium, auf das sich ernste Berechnungen überhaupt nicht gründen lassen. Wir müssen allen Nachdruck darauf legen, diese Bitte auszusprechen, ob sie erfüllt wird oder nicht.

Geheimer Oberregierungsrat **Koch**: Ich weiß wirklich nicht, welches Material die Herren noch mehr verlangen. In der Denkschrift ist doch ganz genau erörtert, weshalb der Anschluß an die Invalidenversicherung undenkbar ist: aus dem Grunde, weil die Belastung außerordentlich hoch sein würde. (Zuruf: Wie hoch? Die Zahlen möchten wir kennen lernen!) Das Nähere wird Ihnen hier noch einmal ausgeführt werden von Herrn Geheimrat Beckmann. Alle Gründe sind ganz ausführlich erörtert worden. Zunächst ist es doch naheliegend, daß man die bestehende Versicherungseinrichtung benutzt, und Sie können sich daher denken, daß auch wir die Frage geprüft haben. Wir bemühen uns doch auch, die Sache vom nächstliegenden Standpunkte aus zu behandeln.

Vorsitzender: Ich möchte bitten, daß wir nicht noch einmal in die Diskussion eintreten. Ich halte es nicht für zweckmäßig. Wenn aber die Herren es wünschen — ich habe den Eindruck, daß die Herren den Wunsch haben, nach dieser Richtung hin das Resumé erweitert zu sehen —, so soll es geschehen.

Dr. **Beumer** (zur Geschäftsordnung): Zur Geschäftsordnung möchte ich doch den dringenden Wunsch aussprechen, daß angesichts all der Bedenken, die schon bezüglich der jetzt behandelten Abschnitte hier geäußert sind, die Kommission des Centralverbandes schon heute zu einer gewissen Stellungnahme kommt. Ich behalte mir vor, in diesem Sinne nachher einen Antrag zu stellen; denn ich würde es im Sinne des Herrn Bueck für außerordentlich bedauerlich halten, wenn das Ergebnis der heutigen Beratungen nicht fruchtbar gemacht würde.

Vorsitzender: Ich glaube, daß die Ausführungen des Herrn Dr. Beumer sich im wesentlichen mit dem decken, was ich ausgeführt habe.

Nun kommen wir zum zweiten Teil der Ausführungen des Herrn Direktor Meesmann „Organisation und Verfahren".

Geheimer Oberregierungsrat **Koch:** Im wesentlichen ist ja geäußert worden, daß man den Beteiligten zu wenig Spielraum in der Verwaltung der Kasse gelassen hätte, besonders was die Verwaltung in der Zentrale angeht. Ich darf aber daran erinnern, daß, wie der Herr Referent es auch wissen muß, diese Regelung im Anschluß an die Reichsbank vorgesehen ist. Es handelt sich um die Verwaltung großer Vermögensmassen, und die können Sie doch nicht allein durch ehrenamtlich tätige Personen führen lassen. Das ist doch undenkbar. Da bot sich in der Organisation der Reichsbank ein Analogon — nicht ein bindendes Analogon, davon ist keine Rede —; wir haben deswegen auch hier im Verwaltungsrat ein Organ gegeben, das wesentlich die ganze Verwaltung beeinflussen wird. Denn darin werden mir die Herren beistimmen, daß der Verwaltungsrat nicht beiseite geschoben werden kann. Durch dieses Kollegium von 50 beteiligten Herren ist schon in ganz hohem Maße dafür gesorgt, daß die Verwaltung unter Mitwirkung der Beteiligten geführt wird. Ferner soll — der Herr Referent er hat es schon berührt, aber er scheint es doch nicht genügend gewürdigt zu haben —, der Verwaltungsausschuß eine ständige Kontrolle führen, so daß also eine intensive Mitwirkung der Beteiligten gesichert ist. Auf die Beisitzer in den Rentenausschüssen möchten wir nicht verzichten. (Direktor Meesmann: Sie verzichten selbst!) Diese Tätigkeit wollen wir nicht in die Hände eines Beamten allein legen. Ebenso glaube ich, daß die Vertrauensmänner eine sehr wertvolle Organisation in der Verwaltung sein werden. Ich habe mich gewundert, daß der Herr Referent die Tätigkeit der Herren, die doch auch zur Hälfte aus

Arbeitgebern sich zusammensetzen, so gering einschätzt. Wir haben gedacht, es würde eine wesentliche Mithilfe sein, wenn so gewandte Geschäftsleute bei der Begebung von Hypotheken mitwirkten. Wir haben also den besten Willen, die Beteiligten selbst zuzuziehen, soweit es überhaupt möglich ist, und wir glauben, das Ziel im wesentlichen erreicht zu haben.

Justizrat **Wandel**: Meine Herren! Es ist ja vorhin umständlich von dem Anschluß der Angestelltenversicherung an die Invalidenversicherung die Rede gewesen. Dieses Thema ist erledigt, insoweit es sich handelt um den Ausbau der Invalidenversicherung zu einer beschränkten Angestelltenversicherung. Aber man kann von einer Verbindung beider Versicherungen noch aus einem andern Gesichtspunkte sprechen, insofern man nämlich die Benutzung der Einrichtungen der Arbeiterversicherung für die Angestelltenversicherung in Betracht zieht. Das vermisse ich hier. Es ist eine vollkommen neue Einrichtung vorgesehen, die von jeder Verwertung der bestehenden Institutionen absieht. Warum ist z. B. nicht eine Mitwirkung des Reichsversicherungsamtes in Aussicht genommen, das doch außerordentlich große Erfahrungen auf dem in Frage kommenden Gebiete besitzt, Erfahrungen, die keinesfalls entbehrt werden können? Auch auf dem Gebiete der Angestelltenversicherung werden die Sprüche des Reichsversicherungsamtes immer von ausschlaggebender Bedeutung sein. Ich glaube, daß durch die Benutzung der Organe der Arbeiterversicherung außerordentlich viel an Verwaltungskosten gespart und die Verwaltung viel zweckmäßiger gestaltet werden könnte.

Geheimer Oberregierungsrat **Koch**: Diese Frage haben wir uns natürlich ganz genau überlegt, denn es sprach ja von vornherein sehr viel dafür, daß man die Einrichtungen der allgemeinen Versicherung benutzt. Und es waren daher auch ganz erhebliche Bedenken, die uns davon abgehalten haben, diesen Weg zu beschreiten. Diese Bedenken waren die folgenden. Nehmen wir die Schiedsgerichte: wenn wir die bestehenden Arbeiterschiedsgerichte auch hierfür in Anspruch nehmen wollten, dann hätten wir ungefähr 124 Schiedsgerichte für die Erledigung dieser Sachen gehabt; natürlich würden wir selbständige Vertreter der Arbeitgeber und selbständige Vertreter der Angestellten haben müssen. Infolgedessen hätten wir zu den sämtlichen 124 Schiedsgerichten so und soviel Vertreter hinzuwählen müssen. Denken Sie diese ganz außerordentliche Vermehrung der im Ehrenamt tätigen Personen. Nun kam noch ein anderer Grund hinzu: die Streitfragen würden sich verteilen auf 124 Bezirke, und es ist daher anzunehmen, daß alle Monate kaum mehr als 2 oder 3 Fälle bei dem einzelnen Schiedsgericht zur Verhandlung kommen würden, und dafür einen solchen Apparat und die Kosten! Wir glauben, wir werden vorläufig mit 1 oder 2 Schiedsgerichten, später vielleicht für jede Provinz mit 1 Schiedsgericht auskommen.

Beim Reichsversicherungsamt kam in Betracht, daß man doch das Reichsversicherungsamt zu entlasten bestrebt ist. In die Reichsversicherungsordnung sind dahingehende Bestimmungen aufgenommen; es wäre doch eigentümlich, wenn man es nun wieder hier mit einer neuen Aufgabe belasten wollte. Aber nun noch ein weiterer sehr wichtiger Grund. Es ist ja vorhin schon auf die Berufsinvalidität hingewiesen, auf den Unterschied in der Altersgrenze von 65 und 70 Jahren usw. Nun widerstrebt es durchaus der notwendigen Einheitlichkeit der Rechtsprechung, wenn Sie einem Gericht die Rechtsprechung über ähnliche, aber auf verschiedene Begriffsbestimmungen aufgebaute Ansprüche übertragen, und es ist deshalb besonders von den Justizressorts dringend vor der Uebertragung der Rechtsprechung an die Schiedsgerichte usw. der Arbeiterversicherung gewarnt worden. Aus Gründen der Billigkeit und der Einheitlichkeit der Rechtsprechung hält also der Entwurf die Errichtung besonderer rechtsprechender Organe für erforderlich, und ich glaube, diese Gründe werden sich nicht widerlegen lassen.

Geheimer Oberregierungsrat Dr. **Beckmann:** Meine Herren! Im Anschluß an die Ausführungen des Herrn Geheimrat Koch möchte ich mir gestatten, Ihnen einige Zahlen über den Umfang der Spruchtätigkeit der schiedsgerichtlichen Instanzen mitzuteilen. Sie werden hieraus ersehen, daß der Entwurf doch wohl den richtigen und vor allen Dingen auch den billigsten Weg gewählt hat. Die Zahl der Anträge auf Bewilligung von Ruhegeld wird bei vollem Betriebe etwa 27—30000 betragen. Die Anträge auf Hinterbliebenenbezüge werden zu Streitfällen kaum Anlaß geben. Man hat also täglich etwa mit 100 Ruhegeldanträgen zu rechnen. Bei der Invalidenversicherung kommen auf je 100 Bescheide etwa 16 Berufungen, so daß auch bei der Angestelltenversicherung durchschnittlich täglich über 16 Berufungen zu entscheiden sein dürfte. Die monatliche Anzahl der Berufungen würde etwa 400 betragen. Verteilt man sie auf die vorhandenen 124 Schiedsgerichte, so würden von jedem monatlich etwa drei bis vier Berufungen zu entscheiden sein. Da die Berufungen nicht liegen bleiben und solange angesammelt werden können, daß sie eine Schiedsgerichtssitzung mit etwa 20 Berufungen ausfüllen, so müßten für die Erledigung von drei bis vier Berufungen die gleichen Kosten aufgewendet werden, die sonst etwa 20 Berufungen erfordern. Die Erledigung der Streitfälle würde hiernach die fünffache Kostensumme erfordern, wenn man den im Entwurf empfohlenen Weg nicht einschlagen will, die Streitfälle vielmehr durch die bestehenden Schiedsgerichte der Invalidenversicherung erledigen lassen würde.

Professor **Moldenhauer**: Ich gebe dem Herrn Geheimrat Koch glatt zu, daß, wenn wir eine besondere Versicherung haben, wir auch besondere Behörden usw. haben müssen. Ob wir diese Behörden nun an andere bestehende, also etwa die der Invalidenversicherung angliedern, oder sie selbständig gestalten, macht keinen großen Unterschied in den Kosten. Denn auch bei der Angliederung müssen selbständige Abteilungen gebildet werden, man spart also höchstens den Portier. Aber den Ausführungen des Herrn Direktor Meesmann über die Notwendigkeit, die Rechte des Verwaltungsrats zu erweitern, stimme ich durchaus zu. Wenn man gesagt hat, daß doch der Verwaltungsausschuß bestehe, der die Verwaltung kontrolliert, und den Verwaltungsrat auf Mängel aufmerksam machen könne, so ist dem entgegenzuhalten, daß der Verwaltungsrat nur das Recht hat, gutachtlich gehört zu werden; ob diese gutachtlichen Aeußerungen irgendeinen Erfolg haben, das steht ganz dahin. (Geheimrat Koch: Beschwerde im Aufsichtswege!) — Ja, ich glaube, die Beteiligten werden es vorziehen, selbst etwas zu sagen zu haben, als lediglich auf eine Beschwerde angewiesen zu sein. Mindestens soll man dem Verwaltungsrat die Genehmigung der Jahresrechnung und die Zustimmung zur Anlegung des Vermögens, besonders soweit es sich um gemeinnützige Anlagen handelt, übertragen. Wenn die Beteiligten alles bezahlen, selbst die Kosten der Verwaltung und Rechtsprechung, dann sollen sie auch auf Ersparnisse usw. genügend dringen können.

Vorsitzender: Es ist niemand mehr zum Wort gemeldet. Ich gebe nunmehr dem Herrn Referenten das Schlußwort.

Direktor **Meesmann**-Mainz (Schlußwort): Es wird mir ein gewisser Widerspruch in meinen Ausführungen unterstellt, insofern als ich mich gewissermaßen gegen die Selbstverwaltung oder gegen Beisitzer der Arbeitgeber und Arbeitnehmer ausgesprochen hätte. Ich glaube aber nicht, daß ein Widerspruch vorliegt. Die Heranziehung der Selbstverwaltungsträger hat dann einen Wert, wenn man ihnen eine gewisse Verantwortlichkeit und Selbstbestimmung zukommen läßt.

Sonst hat sie einen sehr geringen Wert. Außerdem muß die Natur der Geschäfte so angelegt sein, daß sie in den Rahmen der Selbstverwaltungskörper hineinpaßt, und da habe ich in den Schlußausführungen zum ersten Referat ausgeführt, ich könne mir die Angestelltenversicherung denken als eine auf Wunsch der Beteiligten vom Staat eingeführte Zwangsanstalt unter Kontrolle des Reichs. Das ist eine ganz diskutable Sache. Aber damit stehen diese Vorschriften in absolutem Gegensatz. Die Analogie der Reichsbank scheint mir nicht zuzutreffen. Die Reichsbank hat wichtige staatliche Interessen warzunehmen. Hier handelt es sich dagegen um eine Einrichtung, die lediglich für die Angestellten geschaffen ist auf Kosten der Arbeitgeber und Angestellten, und da müssen die beiden ein Bestimmungsrecht haben. Anders ist es bei der Heranziehung zu Funktionen, wie Unterbringung von Hypotheken. Im allgemeinen kann man nicht erwarten, daß hierin die Arbeitgeber bewandert sind. Noch weniger gilt das für die Angestellten. Da muß man also ganz besondere Vermittler aussuchen.

Die Herren von der Regierung meinen, wenn im Verwaltungsrat 50 Herren sitzen, dann muß sich der Präsident nach ihnen richten, auch wenn sie nur beratende Stimme haben. Es ist aber sehr leicht für einen Präsidenten, der ganz unabhängig ist, seine Meinung auch in einer großen Körperschaft zur Geltung zu bringen. Man kann sogar sagen, je größer die Zahl ist, desto leichter fällt es ihm. (Sehr richtig!) Auch in anderer Hinsicht scheint mir die Ansicht des Herrn Geheimrat Dr. Beckmann nicht begründet. Er meint: wenn die Rentenausschüsse paritätisch zusammengesetzt sind, so würde die Zahl der Berufungen sehr gering sein. Ich erinnere Sie demgegenüber an die statistisch festgelegte Tatsache, daß gegen die Entscheidungen der paritätisch zusammengesetzten Arbeiterschiedsgerichte in demselben Prozentsatz Rekurse eingelegt werden wie gegen die Entscheidungen der einseitig zusammengesetzten Berufsgenossenschaften Berufungen. Ob paritätisch oder nicht, der Versicherte sagt sich: kosten tut es nichts und setzt alle Mittel in Bewegung. Herrn Geheimrat Koch gebe ich zu, daß es vielleicht etwas gewagt ist, einzelnen Beamten die Rechtsprechung zu übertragen, aber es lohnt sich doch, darüber nachzudenken, wie eine Vereinfachung in der Rechtsprechung gegenüber dem umständlichen Bestimmungen des Entwurfs herbeigeführt werden könnte.

Vorsitzender: Ich glaube, ich kann in meinem Resumé sehr kurz sein, denn es haben sich sehr wenig Redner an der Debatte beteiligt: daß die Herren im großen ganzen sich auf den Boden des Referenten stellen, insonderheit in Richtung dessen, daß die Organisation und das damit zusammenhängende Verfahren in erheblicherem Maße unter dem Gesichtspunkt einer wirklichen Selbstverwaltung ausgestaltet werden müsse. Uebrigens begegnen sich da die Wünsche, die der Herr Referent geäußert hat, im Prinzip durchaus mit denen, die auch aus anderen Kreisen geäußert sind.

Wir kommen nun zu Punkt 2: Referat des Versicherungsmathematikers, Herrn Schmigalla über:

Gegenstand der Versicherung, Deckung der Leistungen und Auszahlung der Leistungen.

Schmigalla: Meine Herren! Mir ist die Aufgabe zugefallen, im wesentlichen über den versicherungstechnischen Teil des Entwurfs eines Versicherungsgesetzes für Angestellte zu referieren. Dieser Entwurf stützt sich auf die zweite von der Regierung im Jahre 1908 über diese Frage veröffentlichte Denkschrift.

Ehe ich daher dazu übergehe, die vorgesehenen Beiträge einerseits und Gegenleistungen der projektierten Reichsanstalt andererseits zu erörtern, möchte ich die bei den Berechnungen in der zweiten Denkschrift angewendeten Grundlagen kritisch beleuchten, wobei ich von vornherein darauf aufmerksam mache, daß von berufener Seite gegen die Anwendung der hauptsächlich in Frage kommenden Unterlagen erhebliche Bedenken erhoben worden sind, ohne daß aber die Regierung diesen Einwendungen Folge gegeben hat.

Ich wende mich zunächst zu dem den Berechnungen zugrunde gelegten Zinsfuß. In der ersten, im Jahre 1907 veröffentlichten Denkschrift äußert sich die Regierung dazu folgendermaßen: „Wie die Erfahrung lehrt, geht der für mündelsichere Anlagen zu erzielende Zinsfuß, abgesehen von vorübergehenden Steigerungen, allmählich zurück.“ Sie verweist dabei auf die Zinserträge der Invalidenversicherungsanstalten, die sich seit Inkrafttreten dieser Versicherung nach der in Ihren Händen befindlichen Uebersicht unter Nr. 1 (erste Spalte) gestaltet haben. Die Regierung betont gleichzeitig, daß die von ihr angestellten Berechnungen, die dauernd, also in der ganzen Zukunft zu erzielenden Zinserträgnisse der vorhandenen Kapitalbestände zu berücksichtigen haben, und daß der sinkenden Tendenz des Zinsfußes dadurch Rechnung getragen werden muß, daß die dauernde Verzinsung nicht höher als mit 3 pCt. in Ansatz kommen darf. Dabei ist zu beachten, daß diese Zinserträgnisse ohne Rücksicht auf diejenigen Vermögensbestände ermittelt worden sind, die Zins- oder Mietseinnahmen nicht aufweisen. Unter Einschluß der nichtzinstragenden Vermögensteile ergeben sich für sämtliche Invalidenversicherungsanstalten z. B. in den Jahren 1905—1908 nur die in der letzten Spalte der in Ihren Händen befindlichen Uebersicht eingetragenen Prozentsätze, welche durchweg niedriger als $3^1/_2$ pCt. sind. Die zweite Denkschrift äußert sich zu dieser geringen Verzinsung folgendermaßen:

„Würden deshalb Bestimmungen getroffen, die nur eine Kapitalbelegung nach den Vorschriften des Invalidengesetzes zulassen, so würde mit einem Zinsfuß von $3^1/_2$ pCt., wie die Siebener Kommission es verlangt, nicht gerechnet werden dürfen.“ Die Regierung glaubt jedoch den Wünschen der Kommission dadurch Rechnung tragen zu können, daß sie für die Kapitalbelegung der neuen Versicherung ähnliche Vorschriften erläßt, wie sie in den §§ 59 und 60 des Gesetzes über die privaten Versicherungsunternehmungen vom 12. Mai 1901 enthalten sind. Die deutschen Lebensversicherungsanstalten haben unter der Herrschaft dieser Bestimmungen nach den vom Kaiserlichen Aufsichtsamt zusammengestellten Rechnungsergebnissen in den Jahren 1905—1908 eine Verzinsung von 3,83—3,96 pCt. ihrer gesamten durchschnittlichen Aktivenbestände erzielt. Meine Herren! Diese günstigen Zinsergebnisse haben die großen deutschen Lebensversicherungsgesellschaften nur dadurch erreicht, daß sie im Durchschnitt etwa 85 pCt. ihres Vermögens in erstklassigen Hypotheken, und nur etwa 4 pCt. in Wertpapieren, im übrigen in anderen, zum Teil hoch verzinslichen Anlagen (z. B. Policedarlehen) investiert haben. Einen ähnlich hohen Durchschnittszins könnte daher die Reichsanstalt nur erreichen, wenn sie eine ähnliche Anlagepolitik befolgen würde, was aber keineswegs beabsichtigt ist. In der Begründung zum Gesetzentwurf ist vielmehr ausdrücklich hervorgehoben, daß die Reichsanstalt „im Interesse ihrer Liquidität“ (?) eine so hohe Rücklegung in Hypotheken, wie es bei den Privatgesellschaften geschieht, nicht für zulässig hält. Mindestens 25 pCt. des Vermögens (eine obere Grenze ist nicht gezogen!) ist in Anleihen des Reichs oder der Bundesstaaten anzulegen, zwecks Befestigung des Kurses und zur Hebung des Kredits der Bundesstaaten. Ferner kann nach § 225 des Entwurfes der Reichskanzler genehmigen, daß das Vermögen auch in Darlehen an Gemeinden und Gemeindeverbände, an Schul- und Kirchengemeinden angelegt wird, und daß die Anlagen auch in anderer Weise erfolgen. Die Regierung denkt dabei an die Gewährung von Darlehen an gemeinnützige Bauvereine, die sich mit der Herstellung billiger und gesunder Wohnungen für Angestellte beschäftigen, an die Errichtung von Invaliden- und Waisenhäusern, Heilstätten usw. Meine Herren! Alle diese bei privaten Gesellschaften weder zulässigen, noch im Interesse ihrer Leistungsfähigkeit möglichen Maßnahmen müssen unbedingt zur

Folge haben, daß der zu erzielende Durchschnittszins erheblich niedriger ausfallen wird als bei den großen Lebensversicherungsunternehmungen, und es dürfte der Reichsanstalt sehr schwer, wenn nicht gar unmöglich werden, den rechnungsmäßig erforderlichen Satz zu erreichen. Zu Experimenten sollte sich die Regierung jedoch nicht hergeben; meines Erachtens müßte sie bei Beibehaltung der vorhin angeführten Bestimmungen des Entwurfs die notwendige Konsequenz ziehen, und neue Berechnungen unter Zugrundelegung eines Diskonts von höchstens 3¼ pCt. anstellen. Jeder höhere Zinsfuß birgt ständig die Gefahr einer Beitragserhöhung in sich.

Von den übrigen Rechnungsgrundlagen seien zunächst die Invaliditätswahrscheinlichkeiten erwähnt, welche aus den Beobachtungen Zimmermanns im Jahre 1868—1884 an dem Nichtfahrpersonal der deutschen Eisenbahnverwaltungen abgeleitet sind. Ob diese vor einem Vierteljahrhundert und länger gesammelten Erfahrungen den wirklich unter den Privatangestellten zu erwartenden Invaliditätsfällen genügend entsprechen werden, muß natürlich die Zukunft lehren, da man neuere und vor allem aus den Kreisen der Privatangestellten selbst gewonnene Erfahrungen darüber noch nicht besitzt. Sehr viel hängt hier von der Praxis ab, die in bezug auf die Anerkennung der Invalidität eingeschlagen werden wird. Allerdings ist von vornherein zu beachten, daß die Zimmermannschen Wahrscheinlichkeiten sich auf einen Kreis von Personen beziehen, welche vor ihrem Eintritt in die Dienste der Eisenbahn ärztlich untersucht werden, welche vielfach Militäranwärter sind, welche schließlich infolge ihrer festen Stellung und ihres festen, mit dem Dienstalter steigenden Gehalts gar nicht das Verlangen danach haben, als invalide zu erscheinen, wenn sie tatsächlich noch nicht invalide sind. Ganz anders liegen die Verhältnisse bei den Privatangestellten, die weder mit einer sicheren Stellung, noch mit einem ständig steigenden Einkommen zu rechnen haben, und bei denen zweifellos das Bestreben, in den Genuß der Invaliditätsrente zu kommen, in vielen Fällen, besonders bei Stellungslosigkeit, vorhanden sein wird. Ferner ist zu berücksichtigen, daß die Arbeitgeber, welche bisher ihre Angestellten, auch beim Nachlassen ihrer Kräfte mitdurchgeschleppt haben, damit sie nicht in Not geraten, in Zukunft sich von dieser moralischen Verpflichtung ohne weiteres durch Anmeldung und Geltendmachung der Invalidität solcher Angestellten zu befreien versuchen werden. Endlich ist noch zu erwähnen, daß ein nicht unbeträchtlicher Teil besonders der in den niederen privaten Bureaudienst eintretenden jungen Leute den Schreiberberuf lediglich deswegen erwählt, weil die körperlichen Kräfte für die Ausübung eines Handwerks nicht genügen.

Alle diese Erwägungen zeigen, daß möglicherweise der Verlauf des Invaliditätseintrittes bei der neuen Anstalt eine sehr erhebliche Verschiedenheit gegen die rechnungsmäßigen Unterlagen aufweisen wird.

In bezug auf die Sterblichkeit der Frauen ist zu bemerken, daß die Rechnungsgrundlagen der Denkschrift noch auf den in den Jahren 1870—81 an der Bevölkerung Deutschlands gemachten Beobachtungen beruhen. Inzwischen ist aber eine neue Sterblichkeitstafel aus den Erfahrungen der Jahre 1891—1900 seitens des Statistischen Amts des Deutschen Reiches hergestellt worden, welche eine erhebliche Verbesserung der Sterblichkeit gegen die frühere Periode aufweist. In der in Ihren Händen befindlichen Zusammenstellung habe ich in Nr. 2 die wahrscheinliche Lebensdauer nach der alten und nach der neuen Tafel für Männer und Frauen getrennt gegenübergestellt. An Stelle der allgemeinen Sterblichkeitstafel für Männer sind bei den Berechnungen der Denkschrift besondere Sterblichkeitstafeln für Aktive bzw. für Invalide verwendet, welche aus den ebenfalls ein Vierteljahrhundert und länger zurückliegenden Beobachtungen an deutschen Eisenbahnbeamten aufgebaut sind. Gegen die Anwendung dieser Tafeln bestehen weniger Bedenken, da eine etwaige geringere als rechnungsmäßig angenommene Sterblichkeit der Männer zur Folge haben würde, daß die Witwenpensionen einerseits durchschnittlich etwas später fällig werden als nach den Annahmen der Denkschrift, daß dafür aber andererseits die an die Witwen aktiver Männer zu gewährenden Renten durchschnittlich in einem höheren Betrage zur Auszahlung kommen werden. Beide Momente wirken also entgegengesetzt, so daß man mit einem gewissen Ausgleich rechnen kann. Anders ist es aber in bezug auf die günstigere Sterblichkeit der Frauen, welche zweifellos eine stärkere als die rechnungsmäßig vorausgesetzte Belastung der Reichsanstalt wegen der längeren Zahlbarkeit der Witwenrenten zur Folge haben wird. Dazu kommt noch, daß der Wert der Anwartschaften auf Witwenpensionen künstlich durch Anwendung von Wiederverheiratungswahrscheinlichkeiten herabgedrückt worden ist, welche man mit Recht in der ersten Denkschrift ganz außer Betracht gelassen hat. Ferner sind die sehr wichtigen Wahrscheinlichkeiten, verheiratet zu sein, aus den Ergebnissen der Berufsstatistik von 1895 ermittelt, obgleich die Anwendung dieser Werte nachweislich nur etwa 84 pCt. derjenigen Verheiratungsfälle ergibt, die aus den statistischen Erhebungen einiger Privatangestelltenverbände im Jahre 1903 tatsächlich festgestellt worden sind.

Für Verwaltungskosten, als Sicherheitsaufschlag und zur Deckung der Kosten des Heilverfahrens stehen zusammen etwa 16 pCt. der Bruttoprämie zur Verfügung. In der ersten Denkschrift vom Jahre 1903 hat die Regierung trotz der damals berechneten höheren Beiträge (14 bis 19 pCt. des Gehalts) für Verwaltungskosten 8 bis 9 pCt. als notwendig erachtet. Ebenso sind in derselben Denkschrift für die Kosten des Heilverfahrens entsprechend dem tatsächlichen Verbrauch der Invalidenversicherungsanstalten im Jahre 1905 rund 8 pCt. der Bruttoprämie in Ansatz gebracht. Dabei ist ausdrücklich hervorgehoben, daß die Kosten des Heilverfahrens bei der reichsgesetzlichen Invalidenversorgung von Jahr zu Jahr gestiegen sind und voraussichtlich auch weiter ansteigen werden. Immerhin kann man den Satz von 8 pCt. als zu Recht bestehend ansehen, weil die Reichsanstalt daran gebunden sein soll, für die Kosten des Heilverfahrens nicht mehr aufzuwenden, als dieser Zuschlag gestattet; allerdings wird ein solches Verfahren zu nicht abzusehenden Härten führen. Sehr fraglich ist es jedoch, ob mit dem Rest des zur Verfügung stehenden Aufschlages von noch 8 pCt. die Verwaltungskosten gedeckt werden können und auch noch ein genügender Sicherheitszuschlag übrig bleibt. Die Regierung glaubt, mit einem Satz von 2 pCt. für Verwaltungszwecke auszukommen, mit Rücksicht auf die sich in gleicher Höhe bewegenden Verwaltungskosten des Preußischen Beamtenvereins. Diese Begründung befindet sich zunächst im Widerspruch zu der oben erwähnten eigenen Angabe der Regierung in der ersten Denkschrift, wo sie, wie bereits erwähnt, für Verwaltungskosten etwa das Vierfache des jetzt als ausreichend hingestellten Satzes als notwendig bezeichnet hat, obwohl es sich damals um etwa doppelt so hohe Beiträge als jetzt handelte. Der Vergleich mit einer privaten Lebensversicherungsanstalt ist aber auch nicht am Platze, zumal nicht mit einer solchen, die sich, wie der Preußische Beamtenverein, lediglich auf die einfachsten Versicherungseinrichtungen beschränkt, die z. B. keine Invaliditätsversicherung führt, keine Witwen- und Waisenversicherungen betreibt. Bei einer Lebensversicherungsgesellschaft hören überdies die Verwaltungskosten für eine Versicherung in dem Moment auf, wo das versicherte Kapital zur Auszahlung kommt. Bei einem Pensionsversicherungsunternehmen nach Art der zu gründenden Reichsanstalt werden dagegen die eigentlichen Verwaltungskosten einer Versicherung gerade erst im Moment des Todes bzw. des Eintritts der Invalidität einsetzen; dann sind Rentenansprüche zu prüfen, die Renten fortlaufend zu überweisen, die Invaliden ständig darauf zu beobachten, ob die Invalidität bei ihnen noch fortbesteht, die Witwen zu kontrollieren, ob sie noch unverheiratet sind u. dgl. mehr.

Schließlich muß noch auf den außerordentlich komplizierten und kostspieligen Verwaltungsapparat aufmerksam gemacht werden, welcher für die Reichsanstalt vorgesehen ist. Es müssen die Beamten der Reichsanstalt besoldet werden; ihre Pensionen und sonstigen Dienstbezüge, sowie die Pensionsunterstützung für ihre Hinterbliebenen trägt die Reichsanstalt. Die Mitglieder des Verwaltungsrats erhalten Tagegelder und Vergütung der Reisekosten; die Rentenausschüsse sind Organe der Reichsanstalt und haben die Eigenschaft öffentlicher Behörden, die Hilfsbeamten der Rentenausschüsse sind Beamte der Reichsanstalt, sämtliche Kosten der Rentenausschüsse trägt allein die Reichsanstalt. Den Vertrauensmännern werden die baren Auslagen ersetzt, evtl. auch Entschädigungen für Zeitverluste oder für entgangenen Arbeitsverdienst gewährt. Die Mitglieder des Oberschiedsgerichts erhalten feste Jahresvergütungen. Der Postverwaltung wird für die Auszahlung der Leistungen eine Entschädigung gewährt. Alle diese Bestimmungen bedingen einen ganz erheblichen Ausgabenetat, und es ist stark zu bezweifeln, daß diese Unkosten, zu denen noch große Ausgaben für die Errichtung und Instandhaltung eines Dienstgebäudes treten, durch nur 2 pCt. der Beitragseinnahme zu bestreiten sind. Im Interesse der Klarheit und Durchsicht der Gesetzesvorlage müßte von der Regierung unbedingt die Veröffentlichung ihres Voranschlages der Verwaltungskosten gefordert werden, auf Grund deren sie mit nur 2 pCt. des Beitrages durchzukommen glaubt.

Ich wende mich nun zu den Leistungen der projektierten Pensionsversicherung. Von vornherein möchte ich dabei betonen, daß der Gesetzgeber durchweg nur Rentenleistungen vorgesehen hat; es ist bekannt, daß in zahlreichen Fällen ein Kapital in wirtschaftlicher Hinsicht zweckmäßiger und notwendiger ist als eine Pension; speziell in den Fällen, in denen der Gesundheitszustand der zu versorgenden Personen ungünstig ist, sind Rentenleistungen so gut wie wertlos. Es wird vielfach der Fall vorkommen, daß die Reichsanstalt gar keine oder nur eine geringe Anzahl von Pensionen zu zahlen hat, während ihr dafür seitens des Angestellten bzw. in Gemeinschaft mit seinem Arbeitgeber Beiträge überwiesen worden sind, die unter Einrechnung der Zinsen und Zinseszinsen unter Umständen ein recht erhebliches Vermögen repräsentieren. Man denke nur an die Möglichkeit, daß die Frau vor dem Manne stirbt, oder daß der Tod des Mannes kurz vor bzw. kurz nach seiner Pensionierung eintritt, oder daß die Kinder beim Ableben des Vaters bzw. der Mutter bereits volljährig sind. In allen diesen Fällen hat die Pensionsversicherung gar keine oder nur geringe Leistungen zu erfüllen. Demgegenüber gewährt die Kapitalversicherung stets ein Aequivalent für die aufgewendeten Beiträge und gestattet überdies in allen Fällen, in denen aus irgendwelchen Gründen der Bezug einer Pension vorgezogen wird, ohne weiteres die Umwandlung des Kapitals in eine Rente.

Ruhegeld soll nach dem Entwurf derjenige Versicherte erhalten, welcher das Alter von 65 Jahren vollendet hat, oder durch körperliche Gebrechen oder wegen Schwäche seiner körperlichen und geistigen Kräfte zur Ausübung seines Berufes dauernd unfähig ist. Berufsunfähigkeit ist anzunehmen, wenn seine Arbeitsfähigkeit auf weniger als die Hälfte eines körperlich und geistig gesunden Versicherten von ähnlicher Ausbildung und gleichwertigen Kenntnissen und Fähigkeiten herabgesunken ist. Ruhegeld erhält auch derjenige Versicherte, welcher nicht dauernd, aber mindestens während 26 Wochen ununterbrochen berufsunfähig gewesen ist, für die weitere Dauer der Berufsunfähigkeit. Der Ausdruck „Berufsunfähigkeit" darf hier nicht irreführen. Es handelt sich keineswegs um eine Zuerkennung von Pensionen in Fällen, wo der Angestellte zur Ausübung seines vor Eintritt der Invalidität innegehabten speziellen Berufs untauglich geworden ist, sondern die Leistungen des Gesetzes werden nur gewährt, wenn er allgemein zu jedem anderen Berufe untauglich ist, welcher eine ähnliche Ausbildung und gleichwertige Kenntnisse und Fähigkeiten voraussetzt. Dabei ist weder im Entwurf noch in der Begründung gesagt, was unter „ähnlicher Ausbildung" zu verstehen ist, berufliche Ausbildung oder etwa Schulbildung?

Die Anwartschaft auf den Bezug der vorgesehenen Pensionen ist an die Zurücklegung einer Wartezeit von 120 Beitragsmonaten geknüpft, während z. B. bei der reichsgesetzlichen Arbeiterversicherung eine Wartezeit von nur 4 Jahren, bei den meisten privaten Pensionskassen eine solche von höchstens 5 Jahren besteht. Die außerordentlich lange Karenzzeit drückt den Wert der Fürsorgeeinrichtung ganz erheblich herab. Vor allem ist eine durchaus überflüssige Härte darin zu erblicken, daß nicht einfach der Ablauf eines gewissen Zeitraums für den Beginn der Pensionsanwartschaften, sondern die Anzahl der geleisteten Beiträge ausschlaggebend sein soll. Diese Bestimmung hat zur Folge, daß die Wartezeit in den zahlreichen Fällen, in denen der Angestellte z. B. wegen Stellenlosigkeit, wegen seiner Einziehung zum Militär, wegen Krankheit nicht in der Lage ist, jährlich 12 Monatsbeiträge zu zahlen, mehr als 10 Jahre betragen wird. Zahlt er z. B. jährlich nur 8 Beiträge, so dauert die Wartezeit 15 Jahre! Diese sonderbaren Bestimmungen über die Dauer der Karenzzeit zeitigen große Ungerechtigkeiten. Bezüglich der Witwenrente ist allerdings nur für die ersten 10 Jahre der Wirksamkeit des Gesetzes, eine Beschränkung der Wartezeit auf 60 Beitragsmonate in Aussicht genommen.

Die Höhe der Invaliditäts- resp. Alterspension stellt sich auf $^1/_4$ der Summe der in den ersten 120 Beitragsmonaten entrichteten Beiträge zuzüglich $^1/_8$ der Summe aller fernerhin gezahlten Monatsbeiträge. Die Witwe soll 40 pCt. der Pension erhalten, welche der Ehemann bei seinem Tode bezogen hatte, oder die er bezogen haben würde, wenn er beim Eintritt des Todes pensioniert worden wäre. Halbwaisen erhalten je $^1/_5$, Vollwaisen je $^1/_3$ des Betrages der Witwenrente bis zur Erreichung des 18. Lebensjahres. Zur Illustration der hiernach voraussichtlich zu erwartenden Leistungen der Reichsanstalt habe ich unter Nr. 5—7 in der in Ihren Händen befindlichen Zusammenstellung für drei willkürlich gewählte Beispiele die Höhe der zu erreichenden Renten, auch in Prozenten des wirklichen Gehalts, angegeben; zwei davon beziehen sich auf zukünftig neu in die Versicherung eintretende 16jährige Angestellte und eins auf einen jetzt bei Inkrafttreten des Gesetzes für die Versicherung in Betracht kommenden älteren Beamten; dabei sind verschiedene Gehaltsentwickelungen vorausgesetzt. Zu diesen Bestimmungen ist folgendes zu bemerken:

Die Invalidenpension ruht neben einer etwaigen Rente aus der reichsgesetzlichen Arbeiterversicherung, wenn beide zusammen den 150fachen Durchschnittsbetrag der entrichteten Monatsbeiträge, d. h. das auf die ganze zurückgelegte Versicherungsdauer bezogene Durchschnittsgehalt übersteigen. Witwen- und Waisenrenten ruhen unter den gleichen Umständen, wenn sie $^6/_{10}$ dieses Betrages übersteigen. Diese Bestimmungen sind für die Versicherten von Nachteil, und es ist nicht einzusehen, weshalb die vorgesehene Kürzung der Rente erfolgen soll. Will man lediglich vermeiden, daß der invalide gewordene Angestellte nach seiner Pensionierung evtl. ein höheres Einkommen als vorher bezieht, so kann man eine Kürzung der Invalidenrente für diejenigen Fälle vorbehalten, in denen sie zusammen mit der Rente aus der Arbeiterversicherung das *wirkliche* Einkommen, evtl. auch 90 pCt. dieses Einkommens überschreiten; eine Beschränkung auf das (erheblich kleinere) Durchschnittseinkommen ist aber ungerecht, zumal bei der Berechnung der Beiträge auf diese evtl. Kürzung der Leistungen der Reichsanstalt keine Rücksicht genommen ist. Noch schlimmer stellt sich die Sache für die Hinterbliebenen, deren ohnehin kärgliche Renten nicht auch noch durch Kürzungen weiter entwertet werden sollten.

Die Pension ruht ferner, wenn der Angestellte in der Lage ist, Gehalt oder Lohn oder Einkommen aus sonstiger gewinnbringender

Beschäftigung zu erwerben, soweit die Pension und sein Arbeitsverdienst zusammen das Durchschnittsgehalt (nicht das wirkliche Gehalt) übersteigen. Besonders schwerwiegend fällt ins Gewicht, daß damit auch in vielen Fällen der Beginn der Altersrente hinausgeschoben oder daß die Altersrente gekürzt wird. In der in Ihren Händen befindlichen Uebersicht unter Nr. 6 beträgt z. B. beim 65. Jahre das Durchschnittsgehalt rund 1831 M., das wirkliche Einkommen 3000 M., die erreichte Altersrente 960 M. Da wirkliches Einkommen zuzüglich Altersrente (3960 M.) bei weitem das Durchschnittsgehalt von 1831 M. übersteigen, erhält der Angestellte keinen Pfennig Altersrente. Setzt ihm sein Arbeitgeber wegen verringerter Leistungsfähigkeit sein Gehalt auf 2000 M. herab, so wird Altersrente immer noch nicht fällig. Wird das Gehalt auf 1500 M. reduziert, so erhält der Angestellte nur 331 M. Altersrente; erst wenn das Gehalt auf 871 M. oder noch weniger herabgesunken ist, würde die volle Altersrente von 960 M. fällig werden. Diese sehr erheblichen Kürzungen und die evtl. Hinausschiebung der Alterspensionsansprüche sind versicherungstechnisch nicht zu rechtfertigen, da die Beiträge so berechnet sind, daß unter allen Umständen beim 65. Lebensjahr die volle bis dahin erreichte Rente gezahlt werden kann.

Für weibliche Angestellte ist als Aequivalent dafür, daß sie die gleichen Beträge wie die männlichen Angestellten zahlen sollen, ohne daß für sie eine Hinterbliebenen-Fürsorge in ähnlichem Umfange wie für die männlichen Kollegen in Frage kommt, die Wartezeit bezüglich der Invalidenpension auf 60 Beitragsmonate beschränkt. Die nach Ablauf dieser Karenzzeit etwa fälligwerdende Pension soll aber ungerechtfertigterweise nicht nach der Höhe der tatsächlich bis zum Eintritt der Invalidität gezahlten Beiträge, sondern nur nach den in den ersten 60 Beitragsmonaten entrichteten Beiträgen bemessen werden, auch wenn die Invalidität z. B. nach Zahlung von 100 Monatsbeiträgen eintritt. Ferner soll die Rückzahlung der eigenen Beiträge ohne Zinsen erfolgen, wenn die Angestellte nach Ablauf der Wartezeit stirbt, ohne in den Genuß eines Ruhegeldes getreten zu sein, oder wenn sie nach Ablauf der Wartezeit heiratet. Endlich ist die Gewährung von Witwer- und Waisenrenten nach dem Tode der versicherten Ehefrau eines erwerbsunfähigen Mannes vorgesehen, solange sie bedürftig sind. Diese Mehrleistungen an weibliche Angestellte sind, wie noch später gezeigt werden wird, bei weitem nicht groß genug, um dadurch die Heranziehung der weiblichen Angestellten zu den gleichen Beiträgen wie für die männlichen Angestellten zu rechtfertigen. Ihnen müßte vielmehr ein vollwertiges Aequivalent dadurch geboten werden, daß der Beginn der Altersrente nicht erst auf das 65. Lebensjahr, sondern auf einen zeitigeren Termin festgesetzt wird, was durchaus den Bedürfnissen der weiblichen Angestellten entsprechen dürfte.

Allgemein ist schließlich noch zu erwähnen, daß beim Ausscheiden von Versicherten aus der versicherungspflichtigen Beschäftigung eine Rückerstattung der eigenen Beiträge ohne Zinsen nur dann vorgesehen ist, wenn sie bis dahin mindestens 60 Monatsbeiträge entrichtet haben und nur, wenn sie alsdann eine ähnliche Tätigkeit wie die der Versicherungspflicht unterliegenden Personen auf eigene Rechnung ausüben. Es ist nicht einzusehen, warum nicht generell bei Selbständigmachung eines Privatangestellten, ganz gleich, ob der neue Beruf unter den Kreis der versicherungspflichtigen Angestellten fällt oder nicht, Beitragsrückgewähr stattfinden soll, und es ist ferner nicht einzusehen, warum nicht generell beim Ausscheiden von Angestellten aus der versicherungspflichtigen Beschäftigung, auch ohne daß sie sich selbständig machen, Beitragsrückgewähr eintreten soll, zumal es sich in allen Fällen nur um die eigenen Beiträge der Angestellten selbst handelt. Der Zuschuß der Arbeitgeber verfällt ausnahmslos der Reichsanstalt. Besonders hart werden durch diese Bestimmung diejenigen z. Zt. des Inkrafttretens des Gesetzes versicherungspflichtigen Angestellten getroffen, die an der Grenze des vorgesehenen Höchstgehalts stehen und diese Grenze vor Ablauf der Wartezeit überschreiten. Sie sowohl als auch ihre Arbeitgeber zahlen alle Beiträge völlig vergeblich, da eine freiwillige Fortsetzung der Versicherung erst nach Vollendung der Wartezeit von 60 Beitragsmonaten möglich ist und die Sicherung der Anwartschaft auf die erreichte Pension sogar erst erfolgen kann, wenn mindestens 120 Monatsbeiträge entrichtet sind.

Ich wende mich nun zu dem fünften Abschnitt betreffend die Aufbringung der Mittel. Die Beiträge, welche zur Deckung der Leistungen der Reichsanstalt dienen sollen, sind sogenannte Durchschnittsbeiträge, d. h. sie werden ohne Rücksicht auf das Alter der Angestellten beim Eintritt in die Versicherungspflicht und ohne Rücksicht auf ihren Familienstand und ihren Gesundheitszustand erhoben. Die Regierung rechtfertigt das Durchschnittsverfahren damit, daß es in der Sozialversicherung seit jeher eingeführt ist, und daß ferner durch die Abstufung der Beiträge nach dem Alter beim Eintritt in die Versicherung für die im höheren Lebensalter stehenden Angestellten eine zu hohe Belastung entstände, so daß deren Versicherung kaum durchzuführen sein würde. Demgegenüber ist aber geltend zu machen, daß die hier in Frage kommende Versicherung mit der reichsgesetzlichen

Arbeiterversicherung nicht zu vergleichen ist, weil es sich erstens um viel höhere Beiträge als bei jener handelt und zweitens, weil die Versicherten und ihre Arbeitgeber allein und ohne jede Unterstützung des Reiches diese Beiträge aufbringen müssen, und daher jeder Angestellte ein gewisses Anrecht darauf hat, daß ihm auch wirklich diejenigen Leistungen zukommen, die er gerechterweise erwarten darf. Will die Regierung eine Staffelung der Beiträge nach dem Beitrittsalter zwecks Vereinfachung der Einziehung durchaus vermeiden, so könnte trotzdem eine Benachteiligung der jüngeren Angestellten dadurch verhütet werden, daß die Pensionen nach dem Alter beim Eintritt verschieden hoch bemessen werden. Die in jungen Jahren eintretenden Versicherten würden alsdann eine höhere Pension erreichen, als jetzt vorgesehen ist, während die erst in höherem Lebensalter der Versicherungspflicht Unterliegenden eine Kürzung der für sie jetzt in Aussicht genommenen Anwartschaften erfahren würden.

Um ihnen einen Ueberblick über die Höhe der in Frage kommenden Durchschnittsbeiträge zu geben, habe ich in der in Ihren Händen befindlichen Uebersicht unter Nr. 4 zusammengestellt, welcher Beitrag jährlich in monatlichen Raten in den einzelnen Einkommensklassen zu zahlen ist, und wie sich dieser Beitrag im Vergleich zu dem Mindestgehalt, dem Höchstgehalt und dem Durchschnittsgehalt jeder Einkommensklasse verhält. Zur Erläuterung hierzu sei bemerkt, daß in den letzten vier Gehaltsklassen der Beitrag so berechnet ist, daß er von dem Mindesteinkommen etwa 8 pCt. ausmacht. In den ersten fünf Klassen dagegen, deren Mitglieder der reichsgesetzlichen Invalidenversicherung unterliegen, ist der Beitrag so bemessen, daß er zusammen mit dem für die reichsgesetzliche Invalidenversicherung erforderlichen Beitrag 8 pCt. des Durchschnittsgehaltes jeder Einkommensklasse nicht übersteigt.

Dieser Durchschnittsbeitrag ist unter Zugrundelegung derjenigen Altersgruppierung berechnet, welche sich für die der Versicherungspflicht unterstehenden Angestellten nach der Berufszählung von 1895 ergeben hat. Dadurch wird zwar eine möglicherweise zutreffende Prämie für den Anfangsbestand gefunden, nicht aber für die Personen, die der Anstalt später beitreten. Für diese würden die jetzigen Beiträge nur dann auch Gültigkeit haben, wenn die künftigen Zugänge dieselbe relative Altersbesetzung hätten wie der Bestand bei Gründung der Anstalt. Es ist aber nicht anzunehmen, daß diese Voraussetzungen zutreffen werden. Während jetzt alle versicherungspflichtigen Personen, auch solche hohen Alters, auf einmal beitreten, werden später nur diejenigen Angestellten, welche frisch in die versicherungspflichtigen Berufe kommen, also in der Hauptsache junge Personen, hinzutreten. Man darf aber nicht annehmen, daß für die Zukunft eine Reduktion der Beiträge zu erwarten ist, denn der jetzige Durchschnittsbeitrag ist weiter unter der Annahme eines für alle Mitglieder gleichbleibenden Gehaltes berechnet worden. Tatsächlich werden aber gerade die im mittleren und höheren Lebensalter befindlichen Angestellten durchschnittlich ein höheres Einkommen als die jüngeren haben; die Leistungen der Kasse den älteren Angestellten gegenüber besitzen demnach ein viel größeres Gewicht, welches naturgemäß die technisch erforderlichen Beiträge beeinflußt. Man sieht auch hier wieder, daß die jüngeren Angestellten zugunsten der älteren belastet werden.

Die größte Ungerechtigkeit in der Beitragsfestsetzung ist aber zweifellos dadurch geschaffen worden, daß die weiblichen Angestellten die gleichen Prämienleistungen wie die männlichen aufbringen sollen, obgleich für sie die Anwartschaft auf Witwenrente ganz fortfällt und der etwaige Anspruch auf Waisenrente doch nur in äußerst seltenen Fällen eine Belastung der Reichsanstalt herbeiführen wird. Auch die vorhin bereits mitgeteilten geringen Mehrleistungen an weibliche Angestellte sind nicht dazu geeignet, den von ihnen geforderten erheblichen Mehrbeitrag wettzumachen. Würde man für männliche und weibliche Angestellte besondere Beiträge berechnen, so würde sich trotz Berücksichtigung der angeblich erheblich größeren Invaliditätsgefahr der weiblichen Angestellten und unter fernerer Berücksichtigung der mehrfach erwähnten Mehrleistungen immer noch eine Differenz von über einem Prozent des Gehalts in den Beiträgen ergeben. Ein Ausgleich könnte hier zweckmäßig dadurch geschaffen werden, daß man entweder für weibliche Angestellte eine höhere Invaliditätsrente oder, wie ich schon erwähnte, einen zeitigeren Beginn der Altersrente festsetzt.

Ich will nicht weiter auf die Schwierigkeiten eingehen, welche die Erhebung des Durchschnittsbeitrages auf die Berechnung der Prämienreserve zur Folge haben wird, die besonders bei der Uebernahme von Pensionskassen, am meisten aber bei dem Versuch, eine richtige Bilanz aufzustellen, zutagetreten werden.

Die hier kurz skizzierten Mängel der Gesetzesvorlage verlangen gebieterisch eine gründliche Prüfung und Umarbeitung. Es wäre sehr zu bedauern, wenn die Regierung dem Drängen gewisser Kreise unter den Privatangestellten nachgeben und das Gesetz so, wie es sich jetzt präsentiert, unter Dach und Fach bringen wollte. Vor allem ist es die Pflicht der Regierung, nachdem sie bisher lediglich die Angestellten, also die eine Partei gehört hat, nun auch die andere Partei, die

Arbeitgeber, zu hören. Es ist mehr als fraglich, ob die deutsche Industrie in der Lage ist, die gewaltige Belastung zu tragen, die ihr durch das Gesetz erwachsen würde, und die in ihrer von der Regierung geschätzten Höhe von jährlich 150 Millionen Mark auf das ganze deutsche Wirtschaftsleben einen nachhaltigen Einfluß ausüben muß. Diese Frage bedarf einer eingehenden Untersuchung, jede Ueberstürzung kann unabsehbaren Schaden anrichten, zumal es sich nicht um eine nur für wenige Jahre bestimmte Einrichtung, sondern um ein Werk von dauerndem Werte handeln soll.

Geheimer Oberregierungsrat Dr. **Beckmann:** Meine Herren! Der Herr versicherungstechnische Referent hat über die Grundlagen für die Berechnungen der Beiträge und für die Bemessung der Leistungen so viele Bedenken geäußert, daß, wenn sie begründet wären, der Entwurf allerdings große Mängel zeigen würde, die beseitigt werden müßten. Wenn ich die Ausführungen richtig verstanden habe, hat er insbesondere bezweifelt, ob

1. der zugrunde gelegte Zinsfuß erzielt werden würde,
2. die gewählte Invaliditätstafel, weil zu alt, ausreiche,
3. die Sterblichkeit der Witwen nicht zu hoch gegriffen und
4. die Erhöhung der Invaliditätsgefahr den Verhältnissen bei weiblichen Personen angemessen sei.

Meine Herren! Es ist dies durchaus zutreffend, wenn der Herr Referent darauf hingewiesen hat, daß die Träger der Invalidenversicherung im Vergleich zu ihrem mittleren Vermögensbestand keinen Zinsfuß von $3^1/_2$ pCt., sondern in den letzten Jahren von durchschnittlich nur 3,453 pCt. erzielt haben. Diese Verhältnisse lassen sich aber im vorliegenden Falle zu Vergleichen nicht heranziehen. Im vorliegenden Falle kommen keine 41 Versicherungsträger mit ihren vielen Verwaltungsgebäuden, Heilanstalten, Inventar- und Kassenbeständen in Frage, die zum Teil gar keinen, zum Teil nur einen geringeren Zinsertrag liefern, es kommen auch keine Darlehen zu sehr geringem Zinsfuß für Arbeiterwohnungen in Frage, sondern es handelt sich um eine Versicherungsanstalt, für deren Kapitalbelegung im wesentlichen dieselben Vorschriften gelten sollen wie für die Kapitalbelegungen der privaten Lebensversicherungsunternehmungen mit der einen Ausnahme, daß diese Anstalt gehalten sein soll, 25 pCt. ihrer Bestände in Reichs- und Staatspapieren zu belegen. Wenn gleichwohl die Träger der Invalidenversicherung für ihre Wertpapiere und Darlehen einen durchschnittlich etwas höheren Zinsfuß als $3^1/_2$ pCt. erzielt haben, so ist nicht recht einzusehen, warum nicht die Reichsversicherungsanstalt für ihre Effekten einen gleich hohen Zinsfuß erzielen soll. Daß sie aber für Hypothekenbelegungen einen höheren Zinsfuß erzielen wird und dadurch ihren Durchschnittszinsfuß wesentlich dem rechnerischen Bedürfnis entsprechend erhöhen kann, kann dann nicht bezweifelt werden, wenn für die Kapitalverwaltung in der Reichsversicherungsanstalt die geeigneten Kräfte berufen werden. Wie wenig haltbar die Befürchtungen des Herrn Referenten sind, zeigen auch die Ergebnisse der preußischen Sparkassen, denen die günstigen Bestimmungen der Lebensversicherungsgesellschaften bei Hypothekenbelegungen nicht eingeräumt sind. In den Jahren 1899 bis 1909 ergibt sich nach den Berechnungen des statistischen Landesamts für Preußen als höchster Zinsfuß 4,16 pCt., als niedrigster 3,99 pCt.

Meine Herren! Ich komme nunmehr zu den Bedenken, die der Herr Referent gegen die Invaliditätstafel erhoben hat. Die Tafel ist gewählt worden, weil verschiedene, langjährige Erfahrungen auf diesem Gebiete aufweisende mathematische Kollegen mit mir der Meinung sind, daß sie für den vorliegenden Zweck besonders geeignet ist. Nach dem Erscheinen der ersten Denkschrift vom 14. März 1907 wurden die Werte allgemein als zu hoch bezeichnet. Es wurde deshalb in der zweiten Denkschrift vom 11. Juli 1908 der Beweis zu führen versucht, daß sie völlig brauchbar seien. Nach dieser Zeit ist die Meinung wieder umgeschlagen, ohne daß der Beweis für die Unbrauchbarkeit der Zahlen geführt ist. Meine Herren! Ich möchte nur auf die Uebersichten 22 bis 28 der zweiten Denkschrift verweisen; ich glaube, Sie erlassen mir den Vortrag des dort gegebenen Zahlenmaterials. Wohl aber möchte ich um die Erlaubnis bitten, dieses Material durch einige neuere Daten zu ergänzen. Die Ruhegehaltskasse deutscher Erwerbs- und Wirtschaftsgenossenschaften in Berlin, welche die gleichen Rechnungsgrundlagen wie der Entwurf gewählt hat, hat in den Jahren 1902 bis 1908 an Invaliditätsfällen durchschnittlich nur 54 pCt. der rechnungsmäßigen Anzahl und an Sterbefällen von Dienstfähigen vor Eintritt der Invalidität nur 60 pCt. der rechnungsmäßigen aufzuweisen gehabt. Bei der Pensionskasse für die Beamten der Privateisenbahnen zeigte sich für das Gesamtpersonal, daß im Jahre 1908 die Zahl der wirklich eingetretenen Invaliditätsfälle und Sterbefälle von Dienstfähigen 89 pCt. der nach den Rechnungsgrundlagen des Entwurfs zu erwartenden Anzahl der Fälle betrug, obwohl bei dieser Kasse nicht allein das Nichtzugpersonal, sondern auch das andere Beamtenpersonal in Frage kommt. Neueste Untersuchungen für die Brandenburgische Witwen- und Waisenversorgungsanstalt haben nach den Rechnungsgrundlagen des Entwurfs auf 1000 Beamte rechnungsmäßig 14,30 Invaliditätsfälle, in Wirklichkeit dagegen nur 12,52 Fälle oder 87,5 pCt. der rechnungsmäßigen Fälle ergeben. Die vom Kaiserlichen Aufsichtsamt für Privatversicherungen über die Beamten der Lebensversicherungsunternehmungen angestellten Untersuchungen haben gezeigt, daß auf 1000 Beamte bei Annahme der Grundlagen des Entwurfs jährlich 7,28 Invaliditätsfälle zu erwarten waren, in Wirklichkeit dagegen nur 4,98 Invaliditätsfälle oder 68,4 pCt. der rechnungsmäßigen eingetreten sind. Meine Herren! Ich könnte Ihnen noch mehr Zahlenbeispiele mitteilen, aber ich möchte Sie durch Zahlenangaben nicht ermüden. Sie sehen aber, daß auch die neuesten Erfahrungen über Berufsinvaliditätserscheinungen bestätigen, daß die für den Entwurf gewählte Invaliditätstafel nicht zu niedrige Werte zum Ausdruck bringt. Eins aber scheint der Herr Referent übersehen zu haben, nämlich die Tatsache, daß der Invaliditätstafel durch Einführung der Altersgrenze von 65 Jahren eine große Sicherheit gegeben wird.

Wie sich die Sterblichkeit der Witwen gestalten wird, muß abgewartet werden. Hier besonders niedrige Sterbeziffern zu wählen, ist nicht begründet, weil die Lebensverhältnisse der Witwen von Angestellten durch den Tod des Ernährers sich in der Regel verschlechtern und darunter auch die Gesundheit und Lebensdauer leiden. Da es sich auch bei den Hinterbliebenenrenten zunächst um ein Existenzminimum handelt, wird hierin nicht viel geändert werden. Die deutsche Sterbetafel für die Jahre 1871/1880, die für die Berechnungen zugrunde gelegt ist, hat sich praktisch sowohl für die Sterblichkeit der Witwen wie auch der Waisen bewährt. Sie ist von mir bereits im Jahre 1888 zur Aufstellung von Tarifen zur Kapitalisierung von Witwen- und Waisenrenten der Tiefbau-Berufsgenossenschaft und der Versicherungsanstalten der Baugewerks-Berufsgenossenschaft und später bei versicherungstechnischen Untersuchungen der Eisenbahn- und anderer Pensionskassen verwendet worden, und die seitherigen Erfahrungen haben ihre Brauchbarkeit völlig bestätigt. Es steht auf diesem Gebiete auch uns eine sehr lange Erfahrung zur Seite, und die bisher von den Versicherungsmathematikern des Reichs aufgemachten versicherungstechnischen Berechnungen haben sich nicht als unrichtig bewiesen, sondern sie sind durch die Erfahrungen bestätigt worden.

Meine Herren, wenn ich den Herrn Referenten richtig verstanden habe, hat er auch die Leistungen an die weiblichen Versicherten mit dem Hinweis bemängelt, daß der für die größere Invaliditätsgefahr den Berechnungen gegebene Zuschlag nicht begründet sei. Beweisen läßt sich der Zuschlag allerdings nicht, wohl aber dürfte es doch zulässig sein, aus dem Verhältnis der Invaliditätsgefahr der

Männer zu der der Frauen bei der reichsgesetzlichen Invalidenversicherung zu schließen, daß die Berufsinvalidität der Frauen in gleichem Verhältnis höher sein wird als die der Männer, da auch für das Gebiet des Gesetzentwurfs bei Feststellung der Berufsinvalidität der Frauen dieselben Schwierigkeiten vorliegen wie für das Gebiet der Invalidenversicherung. Die neuesten reichsgesetzlichen Invaliditätswahrscheinlichkeiten für weibliche Personen sind in der finanziellen Begründung zur Reichsversicherungsordnung S. 538/539 veröffentlicht, und ich bin überzeugt, ein Studium und der Vergleich dieser Werte mit den Invaliditätswahrscheinlichkeiten für den Durchschnitt der Versicherten wird auch den Herrn Referenten überzeugen, daß die im Entwurf für weibliche Personen vorgesehenen Leistungen ein genügendes Aequivalent für ihre Beiträge bieten und die Erhöhung der Invaliditätsziffern für weibliche Personen vollauf berechtigt ist.

Der Herr Referent folgert aus den vorgetragenen Bedenken, daß die Beiträge zur Deckung der vorgesehenen Leistungen zu niedrig bemessen seien. Von sehr vielen Seiten wird das Gegenteil behauptet und ich möchte fast glauben, daß auch der Herr Referent sich seiner Sache nicht völlig sicher ist, weil ich aus dem Vortrage glaube entnehmen zu müssen, daß er der Meinung ist, daß die Lebensversicherungsgesellschaften mit den gleichen Beiträgen besseres und mehr leisten könnten. Meine Herren, daß das nicht möglich ist, geht aus der Tatsache hervor, daß die privaten Gesellschaften notwendigerweise einen beträchtlichen Teil ihrer Prämien für Verwaltungs- usw. Unkosten — nach dem Assekuranz-Jahrbuch von Ehrenzweig im Jahre 1909 im Gesamtdurchschnitt 16,5 pCt. — aufwenden müssen, die für die Angestelltenversicherung nicht in dem Umfange erwachsen können, weil hier die Provisionen für die Tausende von Agenten, Inspektoren, Generalagenten, die Tantiemen für Direktoren und Aufsichtsräte und andere Unkosten nicht in Frage kommen.

Meine Herren, der Herr Referent hat weiter bemängelt, daß Durchschnittsbeiträge erhoben werden sollten und von der Abstufung nach dem Alter ganz Abstand genommen sei. Das sei gegen die versicherungstechnischen Grundsätze. Ich kann darauf nur erwidern, daß die versicherungstechnischen Grundsätze bei der staatlichen Pflichtversicherung ganz andere sind als bei der privaten Lebensversicherung. Die Einführung von abgestuften Beiträgen ist schon wegen der Schwierigkeit der Durchführung der Pflichtversicherung und der infolgedessen erwachsenden hohen Geschäftsunkosten nicht angängig. Man könnte auch bei der Abstufung nach dem Alter kaum halt machen, sondern man müßte beispielsweise weiter abstufen nach den Gefahren in den einzelnen Berufsgruppen u. dgl. mehr. Eine solche Abstufung ist aber auch im vorliegenden Falle durchaus nicht berechtigt. Denn das größere Risiko, das ältere, in die Versicherung eintretende Personen an sich bieten, wird wesentlich durch das System der steigenden Renten korrigiert, und ich darf in dieser Beziehung auf die Berechnungen zu der freiwilligen Zusatzversicherung der Reichsversicherungsordnung hinweisen, welche den Nachweis liefern, daß bei jährlich um denselben Betrag steigenden Renten die einmalige Prämie in den hauptsächlich in Frage kommenden Altersjahren im wesentlichen konstant ist. Die Motive zu dem vorliegenden Entwurf geben im übrigen die Gründe eingehend an, weshalb Durchschnittsbeiträge erhoben und abgestufte Beiträge vermieden werden müssen.

Meine Herren, der Herr Referent hat nun in sehr ausführlicher Weise dargelegt, wie weit besser die Angestellten fahren würden, wenn sie ihre und die Zukunft ihrer Angehörigen durch Kapitalversicherungen bei Lebensversicherungsgesellschaften sicherstellen würden. Die staatliche Pflichtversicherung hat bisher den Grundsatz vertreten, daß die Fürsorge nur durch eine Rentenversicherung als völlig sichergestellt angesehen werden kann und daran ist in dem Entwurf in Uebereinstimmung mit den Angestellten festgehalten. Ich möchte deshalb auf das umfangreiche Zahlenmaterial des Herrn Referenten über die andere und bessere Gestaltung der Fürsorge nicht näher eingehen.

Die Frage des Herrn Referenten nach dem Etat der Reichsversicherungsanstalt kann ich dahin beantworten, daß wir uns auch hierüber ein Bild zu machen versucht haben. Nach den angestellten Ermittelungen wird die Verwaltungskostensumme, welche die im Entwurf vorgesehenen Einrichtungen bedingen, nicht so hoch ausfallen, wie man allgemein annimmt. Es wird, wenn nicht wesentliche Erschwerungen der Verwaltung durch Abänderung des Entwurfs herbeigeführt werden — andere Organisation, Zulassung von Ersatzinstituten usw. —, noch nicht 1 pCt. (etwa 0,88) der Prämieneinnahme zur Deckung der Verwaltungsausgaben erforderlich sein, und namentlich in der ersten Zeit wird ein erheblich geringerer Betrag ausreichen. Meine Herren, man wird auch diese Kostenveranschlagung ebenso bezweifeln wie die Kostenberechnung der im Entwurf der Reichsversicherungsordnung vorgesehenen Versicherungsämter. Die Reichsversicherungsordnung gibt die Kosten für die dort vorgesehenen Versicherungsämter auf 6 772 670 M. an, während sie in berufsgenossenschaftlichen und anderen Kreisen auf 30 Millionen Mark und noch höher veranschlagt wurden. Die mündlichen Verhandlungen, die infolge dieser hohen Veranschlagungen von den für den Kostenanschlag verantwortlichen

Referenten mit Landratsämtern und Magistraten gepflogen sind, haben ergeben, daß der Kostenbetrag im Durchschnitt jährlich auf den Kopf der Bevölkerung mit 8,48 Pf. anzunehmen sei, so daß bei einer Bevölkerungszahl von 64,8 Millionen die gesamte Kostensumme sich auf 5 495 040 M. berechnen würde. Selbst wenn man den für einen ausschließlich Industrie und Handel treibenden sehr großen Bezirk ermittelten Satz von 10,44 Pf. zugrunde legt, erreicht die Gesamtsumme mit 6 765 120 M. noch nicht ganz den in der Reichsversicherungsordnung veranschlagten Betrag. Ich darf noch anführen, daß die Feststellungen schriftlich niedergelegt und von den Beteiligten unterschrieben worden sind.

Meine Herren, es wird auch auf die verhältnismäßig hohen Verwaltungskosten der österreichischen Angestelltenversicherung verwiesen. Sie sind eine Folge der Errichtung der vielen Landesstellen und der Zulassung von Ersatzkassen und Ersatzverträgen mit der umständlichen Verrechnung und Abführung der Prämienreserven. Sie scheinen aber auch darin begründet zu sein, daß im Gegensatz zu unserem Entwurf das österreichische Gesetz Renten für versicherungspflichtige Dienstverhältnisse gewährt, während der deutsche Entwurf nur Leistungen gewährt, wenn Beiträge gezahlt sind. Herr Geheimrat Koch und ich haben uns in Wien und Prag von den Mängeln des österreichischen Gesetzes für die praktische Durchführung der Versicherung überzeugt und sind bemüht gewesen, diese Mängel in dem vorliegenden Entwurf tunlichst zu beseitigen. Inwieweit dies nach Ansicht der Oesterreicher gelungen ist, dafür möchte ich das Urteil des Generalsekretärs des Bundes der österreichischen Industriellen anführen, der sich dahin ausspricht, daß ein großer Teil der in Oesterreich bestehenden Abänderungswünsche durch die deutschen Vorschläge erfüllt sei, und das einstimmige Urteil derjenigen, welche sich in Oesterreich berufsmäßig mit der Pensionsversicherung zu beschäftigen hätten, dahin gehe, daß man in Oesterreich danach streben müsse, eine Gesetzesänderung durchzusetzen, die sich in der Richtung des deutschen Entwurfs bewege.

Einen Punkt möchte ich am Schlusse meiner Darlegungen noch erörtern, nämlich den, bei Veranschlagung der Verwaltungskosten des Entwurfs die Invalidenversicherung zum Vergleich heranzuziehen. Die Invalidenversicherung wird durch 41 Versicherungsträger durchgeführt und es bedarf keiner weiteren Begründung, daß die Kosten dieser 41 Träger verhältnismäßig weit höher sind, als wenn nur eine Anstalt für die Invalidenversicherung errichtet worden wäre. Hierzu kommt, daß es sich bei der Reichsversicherungsanstalt nur um etwa 12 pCt. der Zahl der invalidenversicherungspflichtigen Personen handelt und die Beiträge des Entwurfs im Durchschnitt pro Kopf aller Versicherten schon jetzt rund das Fünffache und später rund das Siebenfache des Durchschnittsbeitrages aller Versicherten der Invalidenversicherung betragen. 1 pCt. der Beitragseinnahmen des Entwurfs wurden somit im Durchschnitt pro Kopf der Versicherten 5 und später 7 pCt. der Beitragseinnahmen des Invalidenversicherungsgesetzes bedeuten.

Geheimer Oberfinanzrat **Müller:** Es ist ja außerordentlich schwer, als Laie im Versicherungswesen sich ein Urteil zu bilden über die versicherungsrechnerischen Unterlagen. Aber ich habe gestern einen Vortrag angehört von Herrn Geheimrat Hackeloer, der dem Reichsamt für das Versicherungswesen angehört hat und jetzt Generaldirektor einer großen Versicherungsgesellschaft ist. Der ist zu ungefähr demselben Resultat gekommen, wie wir es heute von Herrn Schmigalla gehört haben, und hat namentlich angefochten die Einnahmen, die die jetzige Vorlage schätzt im Widerspruch zu der ersten Denkschrift. Die erste Denkschrift ging davon aus, daß man ungefähr 3 pCt. als Erträgnis des angesammelten Vermögens betrachten darf, und das ist jetzt gesteigert worden auf $3^1/_2$ pCt. Diese $3^1/_2$ pCt. hat Herr Geheimrat Hackeloer angefochten als in Wirklichkeit nicht erreichbar und namentlich dann nicht erreichbar, wenn bei der Anlage des Vermögens noch andere Zwecke verfolgt werden als der Zweck, das Vermögen so nutzbar wie möglich anzulegen. Es ist ja eine sehr populäre Forderung jetzt, auch im Reichstage, daß man jede Gelegenheit benutzen soll, für den Kurs der Reichs- und Staatsanleihen etwas zu erzielen. Es sollen also jetzt mindestens 25 pCt. des Vermögens in Reichs- und Staatsanleihen angelegt werden. Bei einer Institution, die für sehr lange Dauer berechnet ist, kann man nicht von dem gegenwärtigen hohen Zinsfuß ausgehen, und wo es sich um eine Anlage handelt, die aus dem Vermögen oder den Beiträgen der Industrie geschaffen werden soll, da kann man auch nicht an der Erfahrung vorbeigehen, daß der Kurs der Staatspapiere um so höher zu sein pflegt, je schlechter es der Industrie geht. Wenn die Industrie wenig Kapital braucht, wenn es ihr also schlecht geht, werden die Kurse der Reichsanleihe am höchsten sein, oder der Zinsfuß, zu dem Reich und Staat in der Lage sind, ihre Anleihen herauszugeben, wird am niedrigsten sein. Aber daneben kommt noch in Betracht, daß nach der Vorlage aus dem Vermögen der Anstalt Vorsorge getroffen werden soll für alle möglichen gemeinnützigen Wohlfahrtsanstalten. (Sehr richtig!) Nun ist es ja eine ganz eigentümliche Tatsache, daß in einer Zeit, wo die Tendenzen auf das Gleichmachen hinauslaufen, wo die

Sozialdemokraten alles nivellieren wollen, daß da umgekehrt sich die Differenzierung wieder geltend macht, und es ist jetzt schon unter den Kaufleuten eine Bewegung, besondere Erholungsheime für Kaufleute einzurichten, besondere Anstalten für Rekonvaleszenten aus diesem Stande zu schaffen, weil es ihnen nicht paßt, in Anstalten Unterkunft zu finden, wo sie mit Arbeitern und sonst Leuten geringeren Standes zusammen sind. Also da ist ein weites Feld für populäre Dinge, und es ist zu erwarten, daß im Reichstage diese Strömung lebhafte Unterstützung findet, daß darauf gedrängt werden wird, daß solche Wohlfahrtseinrichtungen im weitesten Umfange geschaffen werden. Das führt mich zu einer Erwägung, die allerdings auf das vorhin behandelte Thema zurückgreift, und ich weiß nicht, ob der Herr Vorsitzende gestatten wird, darauf noch einzugehen.

Ich habe mich bei der Erstattung des ersten Referats einigermaßen gewundert über den Optimismus des Herrn Referenten Direktor Meesmann, der die Sorge für die behördliche Organisation den Bureaukraten in der Anstalt überlassen wollte. (Widerspruch des Herrn Direktor Meesmann.) Ja, ich habe es so verstanden, daß er mit der beratenden Stimme — er hat zwar bei einigen Dingen die beschließende Form verlangt — aber gerade bei Anlage des Vermögens — (Direktor Meesmann: Doch! Doch!) Wenigstens habe ich ihn so verstanden. Nun meine ich, wenn jetzt die rechnerischen Grundlagen als zu optimistisch angefochten werden, so gewinnt die Sache eine viel ernstere Bedeutung. Wenn in einem Gesetze die Verpflichtung vorgeschrieben wird, mindestens 25 pCt. in Reichs- und Staatsanleihen anzulegen, aber das nicht als maximal hingestellt wird, sondern daß darüber hinausgegangen werden kann, so muß man doch damit rechnen, daß die dirigierenden Beamten der Anstalten möglichst den Wünschen der Regierung auch über diesen Minimalsatz hinaus entgegenkommen werden. Da sollte man, meine ich, doch den Vertretern der Industrie, der Hauptträgerin der Beitragslast, zutrauen, daß sie das Interesse der Anstalt besser wahrnehmen werden als es von dem Leiter der Anstalt zu erwarten ist, und daß namentlich für Ausgaben zu Wohlfahrtszwecken, die eigentlich eine Art Luxus darstellen, die nur befriedigt werden können, wenn die Mittel zur Erfüllung der Verpflichtungen der Anstalt reichlich vorhanden sind, daß da die Zustimmung der Vertreter unbedingt verlangt werden muß.

Was nun ferner die Schätzung des Versicherungsrisikos anbetrifft, so liegen darüber ausreichende Erfahrungen, glaube ich, noch nicht vor. Wenn Herr Geheimrat Dr. Beckmann auf die Versicherungseinrichtungen des Baugewerbes Bezug genommen hat, so sind die ja so jungen Datums, daß da Erfahrungen überhaupt noch nicht vorliegen. Da lag ja zugrunde ein Bestreben der beteiligten Institute, den Beamten gegenüber recht sozial zu sein, und da nahm man darauf Bedacht, den Beamten Leistungen zu garantieren, die erheblich darüber waren, was eine staatliche Anstalt leisten kann, und da war man auch darauf vorbereitet, daß man später die Beiträge erhöhen müßte. Hier handelt es sich um eine Anstalt, wo der Staat eigentlich ein Interesse gar nicht hat, da ein Reichszuschuß nicht verlangt wird. Hier ist es mir eigentlich unerklärlich gewesen, wie man exemplifizieren konnte auf den Zustand bei der Reichsbank. Der Reichsbank ist ein sehr lukratives Privilegium gegeben, Banknoten auszugeben und mit denselben Geschäfte zu machen. Die Reichsbank ist berufen, die Währung aufrechtzuerhalten, sie erfüllt also eine erhebliche staatliche Funktion. Hier handelt es sich um die Verwaltung des Vermögens, das zur Deckung der Verpflichtungen der Anstalt dienen soll. Da finde ich kein Analogon, daß man die entscheidende Stimme dem vom Staate ernannten Organ zugestehen soll; hier muß es umgekehrt sein, lediglich den Trägern der Last. Und es darf doch auch nicht unerwähnt bleiben, daß das eigentlich nur eine formale Unterscheidung ist, wenn man von Beiträgen der Angestellten und Beiträgen der Prinzipale redet. In Wirklichkeit werden doch die gesamten Beiträge von der Industrie getragen. Die Gehälter werden eben so bemessen, daß die Angestellten die Beiträge zahlen können (sehr richtig!), und wenn sich herausstellt, daß die Gehälter unzureichend sind, muß man sie erhöhen. In Wirklichkeit wird also die ganze Last von den Prinzipalen getragen. Nun gewinnt das durch Erfahrung noch nicht schätzbare Risiko doch ein ganz anderes Gewicht, wenn ein ganz neues Element hereingetragen wird, nämlich anstatt der puren Invalidität die Berufsinvalidität. Und nun habe ich ein Bedenken nach den Erfahrungen: die Berufskrankheit der Angestellten ist die Neurasthenie, und wer in der Lage ist, Urlaubs- und Erholungsgesuche usw. durch Atteste der Aerzte bestätigen zu lassen, der ist erstaunt, wie sehr die Aerzte geneigt sind, eine hochgradige Neurasthenie zu bestätigen, die eine mehrwöchige Erholungsreise oder Urlaub notwendig macht. Also ich sehe sehr schwarz. An ärztlichen Attesten wird es nicht fehlen, und es wird auch eine Hemmung ausgeschaltet, die gegenwärtig noch wirksam ist, die Pensionierung noch nicht vorzunehmen, wo sie nicht erforderlich ist, nämlich das eigene Interesse des Prinzipals. Wenn eine Zwangsanstalt da ist, dann hat die einzelne Firma kein Interesse, die Beamten noch zu behalten, denn die Pensionierung geht ja zu Lasten der Anstalt. Also ich fürchte, dieses Risiko der Berufsinvalidität wird sehr viel höher sich herausstellen als angenommen ist. Ich meine, daß diese Frage ernsthaft von allen Seiten und sehr gründlich geprüft werden muß, ehe die Vorlage verabschiedet wird. Ich kann nicht für mich in Anspruch nehmen, zwischen den verschiedenen Voten der Sachverständigen zu entscheiden. Die Sache ist nicht genügend geklärt, wenn so hervorragende Autoritäten, als welche ich zum Beispiel Herrn Hackeloer ansehe, anderer Meinung sind als die, auf die sich Herr Geheimrat Beckmann beruft.

Geheimer Baurat **Schrey:** Fürchten Sie nicht, daß ich, nachdem wir fünf Stunden andächtig zugehört haben, auf das Zahlenmaterial eingehen werde. Ich bin nicht in der Lage gewesen, den einzelnen Prozentsätzen, Beitragsziffern usw. zu folgen. Aber zu einigen allgemeinen Bemerkungen gibt mir doch das Referat des Herrn Schmigalla Anlaß, und auf die ist leider Herr Geheimrat Beckmann nicht eingegangen.

Weite Kreise der Angestellten werden, wenn sie erst hören, was dieses Gesetz ihnen an geringen Leistungen bei hohen Beiträgen zugedacht hat, sicherlich ausscheiden aus den 700 000, die ihm angeblich zugestimmt haben. Wohl werden die Beiträge, auch für die Angestellten, zunächst von den Prinzipalen getragen, trotzdem wird bei den Angestellten große Unzufriedenheit entstehen. Denn in dem Augenblick, wo die Leistungen zu gering erscheinen, denkt der Angestellte nicht mehr daran, daß nicht er die Beiträge geleistet, sondern daß der Prinzipal sie ihm im Gehalt zugelegt hat. Was ich herausgehört habe aus dem Vortrage des Herrn Schmigalla über Karenzzeit, über Leistung der jüngeren für die älteren, über Nichterstattung bei vorzeitigem Tode usw., das ist eine ganz bedeutende Ungerechtigkeit gegenüber einer großen Anzahl von Beamten. Wie man angesichts dieser Bestimmungen annehmen kann, daß überall Zufriedenheit herrschen werde, ist mir unerfindlich; die Unzufriedenheit wird statt dessen eine sehr große sein. Ich erinnere mich, daß man hinsichtlich der Nichterstattung der Beiträge in ganz ähnlichen Fällen, wie sie der Gesetzentwurf vorsieht, damals, als es sich um Private handelte, allgemein eine sittliche Entrüstung zur Schau trug. Es handelte sich um den Fall Krupp. Warum soll es mit dieser Entrüstung dem Gesetzentwurf gegenüber anders werden? Wenn Herr Geheimrat Beckmann sagte, daß man die Dinge, um sie schmackhaft zu machen, vorsichtig geregelt habe, und daß nachher die Beiträge nötigenfalls höher würden (Herr Geheimrat Dr. Beckmann: Nein!) — dann scheiden diese Bedenken aus. Jedenfalls ist nach den eingehenden Darlegungen und Ausstellungen des Herrn Referenten klar, daß unter den 700 000 Angestellten, die diesem Gesetz angeblich zugestimmt haben, nur eine überaus kleine Zahl sein kann, die sich die uns hier vorgeführten Konsequenzen klar gemacht haben. Ich bin im übrigen auch der Meinung, daß die hohe Reichsregierung bei allen guten Absichten doch diesem Gesetz gegenüber eine ganz angenehme Position gehabt hat; sie hat eben über die Taschen anderer verfügt, und das macht sich immer sehr viel leichter und angenehmer, als wenn der eigene Säckel dabei in Frage kommt. (Sehr richtig!) Und ich glaube, auch der einzelne Beamte wird sehr viel leichter die Sache handhaben, wenn es dem Reich nichts kostet, als wenn er die Belastung des Reiches zu beachten hat.

Aus der Begründung, die Herr Geheimrat Beckmann den vom Herrn Referenten beanstandeten Zahlen und Voraussetzungen des Gesetzentwurfs gegeben hat, habe ich an vielen Stellen den Eindruck gehabt: daß man bei rein sachlichen Erwägungen das Gesetz nicht hätte machen dürfen. Statt dessen hat man sich augenscheinlich gesagt: da wir dies und jenes nicht einwandfrei regeln können, müssen wir eben Bestimmungen erlassen, die unbefriedigend sind. Der Wunsch, das Gesetz unter allen Umständen zustande zu bringen, ist eben schwerer in die Wagschale gefallen als alle diese Bedenken, und was man gern glaubt, das glaubt man leicht.

Eine ganz allgemeine Bemerkung kann ich des weiteren nicht unterdrücken. Es ist klar, daß man jetzt durch Gesetz eine Menge von Leuten zu Ausgaben zwingen will für Zwecke der eigenen und anderer Wohlfahrt, die sie selber als berechtigt nicht anerkennen, so daß die Frage berechtigt ist: wohin sind wir eigentlich seit 1869 schon gekommen! seit der Zeit, wo mit dem Erlaß der Gewerbeordnung und anderer Gesetze die allgemeine Freiheit proklamiert wurde! Zu welcher Freiheitsbeschränkung kann man sich heute schon mit der größten Leichtigkeit verstehen! Da gibt es nichts Eklatanteres als diesen Gesetzentwurf, und wir haben alle Veranlassung, sämtliche Beteiligten, nicht nur die Prinzipale, sondern auch die Angestellten darüber aufzuklären, daß ihnen hier Opfer auferlegt werden, die sie noch einmal als sehr drückend empfinden werden.

Dr. **Kuhlo:** Unter den Gründen, die vorhin gegen das Gesetz geltend gemacht wurden und insbesondere dagegen, daß hier eine Sonderversicherung eingeführt werden soll, war auch der, daß die Verwaltungskosten sehr hoch würden und eine sehr hohe Belastung erfordern würden. Herr Geheimrat Dr. Beckmann hat nun diese Besorgnis zerstreut durch Berechnungen, daß diese Verwaltungskosten nur 0,88 Prozent der Prämieneinnahmen erfordern.

Es ist heute davon gesprochen worden, daß man Prämieneinnahmen von 150 Millionen Mark erwartet. Das wären also knapp 1,2 Millionen Verwaltungskosten. Nun stellen Sie sich das vor. Es ist davon die Rede gewesen, daß 20 000 Vertrauensmänner angestellt werden, die allerdings kein Gehalt beziehen, aber Tagegelder und Reisegeld. Nehmen Sie für den Vertrauensmann im Durchschnitt nur 30 M. im Jahre an, so sind es schon 600 000 M. Die übrigen 600 000 M. sollen dann hinreichend sein, erstens, um die Entschädigung an die Postanstalten zu bezahlen für die Einziehung der Beiträge, den ganzen Verwaltungsapparat im Reiche, die Bureaukosten und die Verzinsung für die zu errichtenden Baulichkeiten! Das erscheint mir doch außerordentlich niedrig, und ich glaube, daß dieser Betrag doch wohl viel zu niedrig gegriffen ist. Denn die ganzen Verwaltungskosten usw. — das alles mit 1,2 Millionen decken zu wollen, erscheint mir bedenklich. Diese Frage muß doch etwas näher geklärt werden.

Geheimer Oberregierungsrat Dr. **Beckmann:** Meine Herren! Dem Wunsche, mitzuteilen, wie sich die veranschlagten Verwaltungskosten nach unserer Auffassung zusammensetzen, will ich gern entsprechen.

Es werden im vollen Betriebe jährlich 27 000—30 000 Ruhegeldanträge und etwa 25 000 Todesfälle zu bearbeiten sein, so daß an einem Arbeitstage durchschnittlich 190 Fälle zur Bearbeitung vorliegen. Daß diese bequem von 15 Beamten bearbeitet werden können, braucht wohl nicht bewiesen zu werden. Hierzu kommt die Kontenführung in der Reichsversicherungsanstalt, für die 130 Beamte angesetzt sind, sowie die sonstige technische und rechnerische Arbeit, für die 55 Beamte angenommen wurden. Außerdem sind 50 Kanzlisten und eine entsprechende Zahl Boten vorgesehen. Hierneben sind 24 höhere Beamte in Ansatz gebracht, sowie die Kosten für 260 Bureauräume mit 78 000 M. und für Bureaubedarf, Reisekosten usw. mit rund 243 800 M. veranschlagt worden. In den ersten zehn Jahren werden die Kosten wesentlich geringer sein, da die Bearbeitung der Ruhegeldanträge und Hinterbliebenenansprüche erst später in Frage kommt. Ich bemerke noch, daß für sämtliche Beamte die entsprechenden Bezüge der Reichsbeamten angesetzt wurden und die Hälfte der 200 Bureaubeamtenstellen aus Assistentenstellen, die übrige Hälfte aus Sekretärstellen bestehen soll. Maschinelle Arbeit soll dabei in dem weitesten Umfange in den Dienst der Anstalt gestellt werden, um die Kosten auf den Mindestbetrag herabzudrücken.

Dr. **Beumer:** Ich möchte mir erlauben darauf hinzuweisen, daß, wenn Provisionen aus den Hypotheken bezahlt werden, dann das Geld doch aus einer Tasche in die andere geht. Die Hypotheken werden, wenn Sie dafür Provisionen abziehen, natürlich teurer. Außerdem ist das ganze Verfahren doch sehr eigenartig! (Sehr richtig!)

Professor **Moldenhauer:** Nach der Denkschrift der österreichischen Pensionsanstalt haben im ersten Jahre die Verwaltungskosten 4,59 Prozent betragen. Nun weiß ich, daß wegen der Ersatzinstitute und der Mehrsprachigkeit dort die Verwaltung sich etwas teurer gestaltet. Immerhin werden wir auch in Deutschland mit einer Fülle von Buchungen und Verrechnungen zu tun haben. Nun verlangt die Pensionsanstalt die Erhöhung des heutigen staatlichen Zuschusses von 100 000 Kronen auf mindestens 500 000 Kronen. Sie sehen also, wie kostspielig die Pensionsversicherung in Oesterreich ist. Das läßt aber darauf schließen, daß wir mit 0,88 Prozent nicht auskommen werden. Natürlich kann man über künftige Ausgaben keine sicheren Angaben machen, ebenso wie sich über die Invaliditätsgefahr der Angestellten kein endgültiges Urteil fällen läßt; wie die Invalidität der Angestellten sich wirklich stellen wird, weiß kein Mensch; man darf deshalb nicht nur mit einem günstigen Ausgang rechnen, sondern muß auch eine ungünstige Entwicklung bei der Berechnung ins Auge fassen.

Vorsitzender: Es hat sich niemand mehr zum Wort gemeldet. Ich schließe die Diskussion und frage den Herren Referenten, ob er noch das Schlußwort nehmen will.

Schmigalla: Ich wollte nur zur Vermeidung von Mißverständnissen bemerken, daß ich selbstverständlich gar keinen Anlaß habe, an der Sachkenntnis der von Herrn Geheimrat Dr. Beckmann angeführten Sachverständigen irgendwie zu zweifeln, aber ich betone gleichzeitig, daß ich mit meinen Ausführungen nicht allein dastehe, sondern mich in der Gesellschaft von erstklassigen Versicherungstechnikern befinde. Ich brauche nur den Chefmathematiker und den Direktor der Alten Leipziger und den Direktor der Magdeburger Versicherungsgesellschaft Wilhelma zu nennen. Zugeben will ich, daß die Wahl der Invaliditätstafel in dem hier in Frage stehenden Falle von keiner ausschlaggebenden Bedeutung ist, da es sich um steigende Pensionen handelt, die überdies mit einer Altersrente verknüpft sind.

Leider hat Herr Geheimrat Dr. Beckmann nicht mitgeteilt, in welchem Maße sich die höhere Invaliditätsgefahr der Frauen bemerkbar gemacht hat. Ich habe in meinem Referat hervorgehoben, daß die kolossale Differenz zwischen den Beiträgen der männlichen und weiblichen Angestellten sich schon unter Berücksichtigung einer um 20 Prozent erhöhten Invaliditätsgefahr ergeben hat. Es wäre mir sehr interessant gewesen, zu erfahren, um wieviel höher im Durchschnitt die Invaliditätsgefahr der weiblichen Angestellten im Vergleich zu derjenigen der männlichen Angestellten zu bewerten ist. Jedenfalls möchte ich vorschlagen, daß man bei etwaigen Neuberechnungen einen Zinsfuß von nur 3¼ Prozent zugrunde legt und außerdem bei Bewertung der Anwartschaften auf Witwenpensionen mit den neuesten Erfahrungen rechnet.

Was die Bemerkung betrifft, daß ich bei den Kosten des Heilverfahrens anscheinend übersehen habe, daß es sich hier um wesentlich höhere Beiträge als bei der reichsgesetzlichen Invalidenversicherung handelt, so verweise ich darauf, daß die Regierung selbst in der ersten Denkschrift, wo etwa doppelt so hohe Beiträge herausgerechnet sind als jetzt, die Kosten des Heilverfahrens trotzdem auf 8 Prozent geschätzt hat. Das gleiche trifft bezüglich der Verwaltungskosten zu. Auch diese hat die Regierung mit 8 bis 9 Prozent -- bei doppelt so hohen Beträgen — in Rechnung gestellt, während sie jetzt nur mit 2 Prozent der viel kleineren Beiträge angenommen sind.

Vermißt habe ich eine Erklärung, warum man die ganz sonderbaren Bestimmungen über die Wartezeit eingeführt hat, warum man nicht den Ablauf einer gewissen Anzahl von Jahren, also etwa von zehn Jahren, nicht die Zahlungsdauer von 120 Monatsbeiträgen als Karenzzeit annehmen will; ebenso habe ich eine Erklärung vermißt, warum die Kürzungen der Alterspension und der Invaliden- und Witwenrente vorgenommen werden sollen, obwohl die Berechnungen dazu keine Handhabe geben.

Vorsitzender: Ich darf als Ergebnis der Debatte an der Hand des Referats des Herrn Schmigalla feststellen, daß wir alle der Ueberzeugung geworden sind, daß diese Dinge einer sehr eingehenden Prüfung und Erwägung bedürfen, und ich darf im Namen des Centralverbandes die Bitte an die Reichsregierung richten, daß die Reichsregierung dieser Prüfung sich auch unterzieht, nicht nur im Interesse der beteiligten Kreise, sondern auch des Reichs. Ich glaube, daß wir einig sind darin, daß jede Ueberstürzung verhängnisvoll und eine genaue Prüfung dieser Frage nötig ist. Daß im Zusammenhang mit der Finanzfrage die Erweiterung der Rechte der Selbstverwaltung im Vordergrunde unseres Interesses steht, das ist schon in den allgemeinen Ausführungen, die vorhin zum ersten Teil der Tagesordnung gemacht worden sind, hervorgehoben worden.

Nun möchte ich zunächst Herrn Justizrat Dr. Wandel das Wort erteilen zu seinem Referat über die Schluß- und Uebergangsbestimmungen mit Rücksicht auf die Bedeutung dieser Frage und die vorgerückte Zeit. Außerdem ist auch Herr Geheimrat Koch hier wieder zurückgekommen, der nachher anderweitig in Anspruch genommen ist und jedenfalls ein besonderes Interesse an den Ausführungen zu diesem Punkt der Tagesordnung nehmen wird. Herr Generalsekretär Ditges hat mit der Abänderung sich einverstanden erklärt.

Bestehende Pensionseinrichtungen und Lebensversicherungen.

Justizrat **Wandel**-Essen a. Ruhr: Meine Herren! Der neunte Abschnitt des Gesetzentwurfes, über den ich zu berichten habe, behandelt unter der Ueberschrift „Schluß- und Uebergangsbestimmungen" im § 362 die Kosten der ersten Einrichtung, in den §§ 363 bis 369 die besonderen Pensionseinrichtungen und in den §§ 370 bis 373 die Versicherungsverträge mit privaten Lebensversicherungsunternehmungen. Endlich handeln die §§ 374, 375 von der Abkürzung der Wartezeit, der § 376 von dem Zeitpunkte des Inkrafttretens. Ich nehme die minder wichtigen §§ 362 und 374 bis 376 in Kürze vorweg, um die besonders bedeutungsvollen Vorschriften über das Verhältnis der neuen Versicherung zu den bestehenden Pensionseinrichtungen und Lebensversicherungen desto eingehender erörtern zu können.

Meine Herren! Da die sämtlichen Verwaltungskosten der Reichsversicherungsanstalt, ihrer Organe (§ 101) und der Beitragsstellen (§ 188) sowie der Ausgabestellen für Versicherungskarten (vgl. § 198) aus den Beiträgen gedeckt werden sollen, die erst nach und nach eingehen, müssen die Kosten der ersten Einrichtung zunächst aus Mitteln bestritten werden, die die Reichsversicherungsanstalt auf dem Wege des Darlehns sich beschafft. § 362 bestimmt daher, daß die Reichshauptkasse der Reichsversicherungsanstalt die durch die erste Einrichtung entstehenden Kosten vorzuschießen hat, und daß dieser Vorschuß aus den zunächst eingehenden Versicherungsbeiträgen zurückzuzahlen ist. Gegen diese Bestimmung ist also nichts einzuwenden.

Eine Abkürzung der Wartezeit lassen die §§ 374 und 375 für die erste Zeit nach dem Inkrafttreten des Gesetzes in zweifacher Hinsicht zu. Nach § 374 kann die Reichsversicherungsanstalt in den ersten drei Jahren nach jenem Zeitpunkte einem Angestellten nach vorheriger ärztlicher Untersuchung desselben gestatten, die Wartezeit durch Einzahlung der entsprechenden Prämienreserve abzukürzen. Die Begründung bemerkt hierzu, daß die Reichsversicherungsanstalt solchen Anträgen nur dann werde entsprechen können, wenn auf Grund eines ärztlichen Zeugnisses festgestellt ist, daß der Gesundheitszustand des Angestellten den baldigen Eintritt der Berufsunfähigkeit oder des Todes nicht befürchten läßt. Ob diese Vorschrift praktisch von erheblicher Bedeutung werden kann, läßt sich schwer beurteilen, um so mehr, da die Bemessung der Prämienreserve, wie die Begründung sehr unbestimmt sagt, „den individuellen Verhältnissen des Antragstellers entsprechend" erfolgen soll. Der zweite Fall der Abkürzung der Wartezeit betrifft die Witwen und Waisen; diese sollen bei Todesfällen innerhalb der ersten zehn Jahre der Geltung des Gesetzes schon nach 60 Beitragsmonaten Renten erhalten, und zwar berechnet nach einem Ruhegelde, das 1/4 des Wertes der in den ersten 60 Beitragsmonaten entrichteten Beiträge beträgt. Wenn man sich überhaupt auf den Boden des Gesetzentwurfes stellen will, wird man zugeben müssen, daß eine derartige Uebergangsbestimmung, die gerade den besonders bedürftigen Personen zugute kommt, vieles für sich hat.

Der § 376 bestimmt, daß die organisatorischen Vorschriften mit dem Tage der Verkündigung des Gesetzes Geltung erlangen, während im übrigen der Zeitpunkt des Inkrafttretens durch Kaiserliche Verordnung mit Zustimmung des Bundesrats festgesetzt werden soll. In gleicher Weise ist auch bei den älteren Arbeiterversicherungsgesetzen verfahren worden.

Meine Herren! Ich gehe nunmehr zu den Vorschlägen des Entwurfs über

I. die besonderen Pensionseinrichtungen

über. Ich werde zunächst den Inhalt der Bestimmungen vortragen und sie dann einer kritischen Betrachtung unterziehen.

1. Inhalt des § 363.

Nach § 363 Absatz 1 können Fabrik-, Seemanns- und ähnliche Kassen und Einrichtungen die gesetzlichen Ruhegeld- und Hinterbliebenenbezüge auf die Kassenleistungen anrechnen unter der Voraussetzung, daß die Beiträge aus den Mitteln der Kasse entrichtet und von den Arbeitgebern Zuschüsse zu der Kasse gezahlt werden, die mindestens der Hälfte der gesetzlichen Beiträge gleichkommen. „Die Reichsversicherungsanstalt setzt die den empfangenen Monatsbeiträgen entsprechenden Ruhegeld- und Hinterbliebenenbezüge nach § 56 bis 59 fest und überweist sie fortlaufend der beteiligten Kasse. Auf Antrag erfolgt die Zahlung durch die Post unmittelbar an den Berechtigten.

Die sonstigen Leistungen dieses Gesetzes werden den versicherten Kassenmitgliedern unmittelbar gewährt."

§ 363 Absatz 2 behandelt den Fall, wenn mehrere Kassen für einen Berechtigten Beiträge zur Reichsversicherungsanstalt entrichtet haben; diese soll dann jeder einzelnen Kasse den für sie in Anrechnung kommenden, den entrichteten Beiträgen entsprechenden Betrag der gesetzlichen Leistungen mitteilen. Der Gesamtbetrag der letzteren wird dem Berechtigten auf Anweisung der Reichsversicherungsanstalt durch die Post gezahlt, der einzelnen Kasse wird es überlassen, den ihr mitgeteilten anteiligen Betrag auf ihre satzungsmäßigen Leistungen anzurechnen.

Hinsichtlich der Auslegung des § 363 entsteht die Frage, ob diejenigen Pensionskassen, die für ihre Mitglieder die reichsgesetzlichen Beiträge entrichten, auch in den Fällen, in denen es sich um Personen handelt, die nicht während ihrer ganzen reichsgesetzlichen Versicherungszeit Pensionskassenmitglieder waren, dennoch die ganzen reichsgesetzlichen Leistungen in Anrechnung bringen dürfen. Nach dem ersten Absatz des § 363 müßte man dies annehmen. Da jedoch im zweiten Absatz gesagt ist, daß die „Reichsversicherungsanstalt **jeder** einzelnen Kasse den für sie in Anrechnung kommenden den entrichteten Beiträgen entsprechenden Betrag der Leistungen dieses Gesetzes" mitteilt, wird die Auslegung sehr zweifelhaft. Denn im zweiten Absatz sind unter „den entrichteten Beiträgen" offenbar die von der betreffenden Pensionskasse abgeführten Beiträge zu verstehen, und es könnte deshalb wohl die Meinung vertreten werden, daß unter „den empfangenen Monatsbeiträgen" des Absatzes 1 auch nur diejenigen Monatsbeiträge zu verstehen sind, die die Reichsversicherungsanstalt von der Pensionskasse empfangen hat. Ich glaube zwar nicht, daß nach der Absicht des Entwurfs diese Auslegung des ersten Absatzes richtig wäre, weil der teilweise Ausschluß der Anrechnung vielfach zu einer nicht erwünschten Ueberversicherung führen würde, aber ein zwingender Beweis hierfür ließe sich meines Erachtens auch nicht mit Hilfe der Begründung führen. Uebrigens ist es auffällig, daß im § 363 von der Festsetzung der „Ruhegeld- und Hinterbliebenenbezüge nach §§ 56 bis **59**" gesprochen wird, während die Berechnung der Versicherungsleistungen in den §§ 56 bis **60** behandelt wird, von denen der letzte die Abrundung betrifft. Es dürfte wohl kein Grund vorliegen, seine Anwendung im § 363 auszuschließen.

2. Inhalt der §§ 364 bis 368.

Wenn bei den beim Inkrafttreten des Gesetzes vorhandenen Kassenmitgliedern, für welche Beiträge an die Reichsversicherungsanstalt abgeführt werden, innerhalb der ersten zehn Jahre der Wirksamkeit des Gesetzes der Versicherungsfall eintritt und die beteiligte Kasse satzungsgemäß Leistungen zu gewähren hat, so leistet die Reichsversicherungsanstalt zur Bestreitung der Kassenleistungen einen einmaligen Zuschuß in Höhe der den entrichteten Beiträgen entsprechenden Prämienreserve. Mit dieser Bestimmung, die den § 364 bildet, soll augenscheinlich die offenbare Schädigung der Fabrik- usw. Kassen vermieden oder wenigstens vermindert werden, die in allen denjenigen Fällen aus der Abführung der Beiträge an die Reichsversicherungsanstalt sich ergeben würde, in denen statutenmäßig Kassenleistungen gewährt werden müssen, aber reichsgesetzliche Leistungen noch nicht erfolgen, weil die Wartezeit noch nicht erfüllt ist. Es ist aber zu beachten, daß der § 364 nur einen Teil dieser Fälle trifft, da er ja nur für die beim Inkrafttreten des Gesetzes vorhandenen Kassenmitglieder in Betracht kommt. Falls also z. B. ein Angestellter erst zwei Jahre nach Inkrafttreten des Gesetzes Mitglied einer Kasse wird, die für ihre Leistungen eine fünfjährige Karenzzeit hat, und es tritt gleich nach Ablauf dieser fünf Jahre der Versicherungsfall ein, so würde die Kasse von der Reichsversicherungsanstalt nichts erhalten. Wenn daher die Begründung auf Seite 139 erklärt, daß wegen der zehnjährigen Wartezeit bei der Reichsversicherungsanstalt „diejenigen Fälle, in welchen der Versicherungsfall bei der rückversicherten Kasse vor Ablauf dieser Zeit eintritt und zu Leistungen führt, einer besonderen Regelung" bedürfen, so hat der Entwurf jedenfalls nur zu einem geringen Teil diesem Bedürfnisse Rechnung getragen. Bei der Abfassung des § 364 ist ferner offenbar übersehen worden, daß die Reichsversicherungsanstalt schon innerhalb der ersten zehn Jahre Ruhegelder an weibliche Versicherte und Hinterbliebenenrenten an Hinterbliebene von männlichen und weiblichen Versicherten zu leisten hat, wenn nur 60 Beitragsmonate zurückgelegt sind (vgl. § 49 und § 375). Nach dem Wortlaut des § 364 müßte, wenn ein beim Inkrafttreten des Gesetzes vorhandenes Kassenmitglied, für das Beiträge an die Reichsversicherungsanstalt abgeführt wurden, nach Ablauf der ersten fünf, aber vor Ablauf der ersten zehn Jahre der Wirksamkeit des Gesetzes stirbt und die beteiligte Kasse Leistungen an die Hinterbliebenen zu gewähren hat, die Reichsversicherungsanstalt einen einmaligen Zuschuß zur Bestreitung der Kassenleistungen zahlen, dafür aber wohl von der Verpflichtung zur Gewährung der reichsgesetzlichen Hinterbliebenenbezüge befreit sein. Daß dies in der Absicht des Verfassers des Gesetzentwurfes liegt, kann aber doch wohl nicht angenommen werden.

„Um indessen", heißt es in der Begründung, „auch solchen Fürsorgekassen gerecht zu werden, die nach Einführung der neuen

Versicherung sich aus irgendwelchen Gründen auflösen müssen, sieht der Entwurf im § 365 Vorschriften vor, nach denen diese Kassen berechtigt sind, die an ihre Mitglieder oder deren Hinterbliebene bereits bewilligten Leistungen gegen Einzahlung des entsprechenden Deckungskapitals auf die Reichsversicherungsanstalt zu übertragen. Ferner will der Entwurf zulassen, daß diese Kassen durch Einzahlung der entsprechenden Prämienreserve an die Reichsversicherungsanstalt die Wartezeit ihrer Mitglieder für den Bezug der reichsgesetzlichen Leistungen abkürzen können." Ob dieses Recht praktisch von irgendwelchem Wert sein wird, läßt sich noch nicht sagen, da die Grundsätze für die Berechnung der Prämienreserve und des Deckungskapitals nicht im Entwurf enthalten sind, sondern erst vom Bundesrat nach Anhören der Reichsversicherungsanstalt bestimmt werden sollen. Dieser kann übrigens auch für die Entrichtung der Beiträge aus Kassenmitteln näheres bestimmen (§ 366).

Zur Durchführung der Vorschriften über das Verhältnis der Angestelltenversicherung zu den Fabrikkassen und dergleichen sind deren Satzungen mit Genehmigung der zuständigen Behörde zu ändern. Diese kann nach § 367 die Aenderung rechtsgültig selbst vornehmen, wenn die Kasse den Antrag der beteiligten Arbeitgeber oder der Mitgliedermehrheit ablehnt. Soweit im letzteren Fall das Kaiserliche Aufsichtsamt für Privatversicherung als Aufsichtsbehörde in Betracht kommt, wird das Verfahren vom Bundesrat bestimmt.

Für diejenigen zur Invaliden-, Alters- und Hinterbliebenenfürsorge bestimmten Kassen, für welche nach Ortsstatut eine Beitrittspflicht besteht, sollen nach § 368 die §§ 363 bis 366 ebenfalls gelten, nicht aber der § 367. Warum der § 367 auf diese Kassen nicht anwendbar sein soll, wird in der Begründung nicht erwähnt und ist um so auffallender, als der § 1309 des Entwurfs der Reichsversicherungsordnung die Anwendbarkeit der ähnlichen Bestimmungen im 3. und 5. Absatz des § 1307 a. a. O. auf die hier in Betracht kommenden Kassen vorsieht.

3. Kritik der Bestimmungen über die Fabrik-, Seemanns- und ähnlichen Kassen.

Aus den im vorstehenden wiedergegebenen Bestimmungen ersieht man, daß der Entwurf Fabrikkassen u. dgl. unter keinen Umständen als Ersatzinstitute zulassen will, und ihnen, wenn sie als Zuschußkassen weiter bestehen bleiben wollen, nur die Wahl läßt, entweder die Anrechnung der reichsgesetzlichen Leistungen auf die Kassenleistungen gänzlich zu unterlassen, oder die gesetzlichen Leistungen in vollem

Umfange auf die Kassenleistungen anzurechnen, dann aber auch die gesetzlichen Beiträge für ihre Mitglieder aus den Kassenmitteln zu bestreiten. Daß dieses Verfahren für die Mitglieder sehr vieler Werkspensionskassen im höchsten Grade nachteilig ist, ergibt eine Zusammenstellung von sieben mir bekannten Beamtenpensionskassen des rheinisch-westfälischen Industriebezirks, aus der man ersieht, daß unter den sieben Kassen drei sind, bei denen die Beiträge hinter den gesetzlichen Beiträgen zurückbleiben, während die Leistungen über die gesetzlichen Leistungen ganz erheblich hinausgehen*). Bei diesen drei Kassen nämlich (Krupp, Phoenix, Gutehoffnungshütte) betragen die laufenden Beiträge der Mitglieder und der Firma je 3 pCt., zusammen also 6 pCt., während die gesetzlichen Beiträge im großen Durchschnitt 7 pCt. ausmachen. Allerdings kommen bei den Kassen noch Eintrittsgelder hinzu in Höhe eines Monatsgehalts und als außerordentlicher Beitrag bei jeder Gehaltszulage ein Monatsbetrag derselben. Aber auch, wenn man diese außerordentlichen Beiträge einrechnet, bleibt bei jedem Pensionierten die Summe der von ihm eingezahlten Kassenbeiträge hinter der Summe der Beiträge, die er nach dem Gesetz zahlen müßte, um bis zu etwa 15 pCt., durchschnittlich um 5 bis 10 pCt. zurück. Demgegenüber beträgt

die Karenzzeit	bei den drei Kassen 5 Jahre		nach dem Gesetzentwurf 10 Jahre	
die Pension nach 5 Jahren	$^{15}/_{60} = 25$ pCt.	des letzten anrechnungsfähigen Gehalts	—	des durchschnittlichen anrechnungsfähigen Gehalts
" " " 10 "	$^{20}/_{60} = 33^1/_3$ "		etwa $17^1/_2$ pCt.	
" " " 20 "	$^{30}/_{60} = 50$ "		" $26^1/_4$ "	
" " " 30 "	$^{40}/_{60} = 66^2/_3$ "		" 35 "	
" " " 35 "	$^{45}/_{60} = 75$ "		" $39^3/_8$ "	

Das höchste anrechnungsfähige Gehalt beträgt bei Krupp 10 000 M., beim Phoenix und bei der Gutehoffnungshütte 6000 M., und wenn man ein gleichbleibendes, 5000 M. nicht übersteigendes Gehalt annehmen wollte, würde das Ruhegehalt bei diesen Kassen nahezu doppelt so groß sein wie nach dem Gesetzentwurf. Berücksichtigt

*) Abdruck der Zusammenstellung ist diesem Bericht als Anlage beigefügt.

man aber die Tatsache, daß das Gehalt in der Regel mit der Dauer der Dienstzeit steigt, so verschiebt sich das Verhältnis noch erheblich weiter zugunsten der Pensionskassen. Nimmt man z. B. ein Anfangsgehalt von 2000 M. und alle zwei Jahre eine Gehaltszulage von 300 M. bis zum Höchstgehalt von 5000 M. an, so beträgt

	die Pension bei der Pensionskasse	das Ruhegeld nach dem Gesetzentwurf
nach 10 Jahren . .	1 066,67 M.	477,60 M.
„ 20 „ . .	2 350,— „	837,— „
„ 30 „ . .	3 333,33 „	1 236,— „

Die Pension bei der Kasse beträgt in diesem Falle

nach 10 Jahren das 2,2 fache,
„ 20 „ „ 2,8 „ ,
„ 30 „ „ 2,7 „

des reichsgesetzlichen Ruhegeldes.

Noch günstiger stellt sich das Verhältnis für die Pensionskassen hinsichtlich der Witwenpension, denn diese beträgt bei den Kassen 50 pCt., nach dem Gesetzentwurf aber nur 40 pCt. des Ruhegeldes. In dem oben erwähnten Beispiele beträgt die Witwenpension bei den Kassen

nach 10 Jahren das 2,8 fache,
„ 20 „ „ 3,5 „ ,
„ 30 „ „ 3,4 „

der vom Gesetzentwurf vorgesehenen Bezüge. Auf weniger wichtige Unterschiede zwischen den Leistungen der Kassen und den vom Gesetzentwurf vorgesehenen sei hier nicht eingegangen, dagegen mag betont werden, daß der Einwurf, bei den Kassen würden durch die Beiträge die Pensionsansprüche versicherungstechnisch nicht vollkommen gedeckt, doch nicht allzu schwer wiegt, da ja die Firmen, von denen die Kassen eingerichtet wurden, für deren Bestehen auch außerordentliche Aufwendungen zu machen bereit sind und auch bisher schon vielfach solche freiwilligen Zuwendungen gemacht haben. Diese belaufen sich z. B. bei der Beamtenpensionskasse der Firma Krupp bisher auf 4 650 000 M., während das ganze Vermögen der Kasse am 30. Juni 1910 rund 9 636 000 M. betrug, und ähnlich liegen die Verhältnisse bei anderen Kassen. Die eben behandelten drei Kassen müßten also ihre Beiträge ganz erheblich hinaufsetzen, um die gesetzlichen Beiträge für ihre Mitglieder an die Reichsversicherungsanstalt abführen zu können und noch eine genügende Gegenleistung für die ihnen verbleibenden Kassenleistungen zu erhalten. Ganz ähnlich würde sich die Lage gestalten bei der Beamtenpensionskasse des Bochumer Vereins, die gegenwärtig 7 pCt. an Beiträgen von Mitgliedern und Firma zusammen erhebt und dieselben Leistungen gewährt wie die vorher genannten Kassen. Eine besondere Beachtung verdienen einige Zahlen über die Pensionskasse für die Beamten der Gasmotorenfabrik Deutz, weil diese Kasse erst ganz kürzlich, nämlich im Jahre 1908, versicherungstechnisch geprüft und unter Mitwirkung der auf diesem Gebiete sachkundigsten Behörde, des Kaiserlichen Aufsichtsamts für Privatversicherung in Berlin, reformiert wurde, so daß jetzt bei ihr das Verhältnis der Beiträge und Kassenleistungen versicherungstechnisch vollkommen einwandfrei festgesetzt ist. Diese Kasse erhebt gegenwärtig an Beiträgen

	von den Mitgliedern	von der Firma
bei einem Gehalt von 1200--2000 M. . . .	4 pCt.	6 pCt.
„ „ „ „ 2001—3000 „ . . .	5 „	5 „
„ „ „ „ 3001—5000 „ . . .	6 „	4 „

Die Mitgliederpension beträgt nach zehnjähriger Wartezeit 25 pCt. des Durchschnittsgehalts und steigt jährlich um $1^2/_3$ pCt. desselben bis zu 75 pCt. Die Witwenpension beträgt die Hälfte der Mitgliederpension. Da die Kasse an Beiträgen insgesamt 10 pCt. des Gehalts einnimmt, an die Reichsversicherungsanstalt aber 7 pCt. abzuführen hätte, verblieben ihr in Zukunft nur noch etwa $^3/_{10}$ ihrer Einnahmen. Vergleicht man aber die Pensionen dieser Kasse mit den vom Gesetzentwurf vorgesehenen Bezügen, so ersieht man, daß der Pensionskasse auch dann, wenn die reichsgesetzliche Angestelltenversicherung den Beharrungszustand erreicht haben wird, noch mindestens $^2/_5$ der Leistungen verbleiben, daß also einer Verminderung der Einnahmen um $^7/_{10}$ eine Verminderung der Ausgaben um höchstens $^6/_{10}$ gegenübersteht; also auch diese Kasse, die schon jetzt, wie gesagt, versicherungstechnisch einwandfrei fundiert ist, würde ohne Beitragserhöhung nicht bestehen bleiben können. Sie ist also fraglos leistungsfähiger als die geplante Reichsversicherungsanstalt, obwohl sie, wie hier noch besonders betont sei, durch das vorzeitige Ausscheiden von Kassenmitgliedern wohl kaum einen nennenswerten Vorteil haben kann, denn sie zahlt den Ausscheidenden 75 pCt. der von ihnen geleisteten Beiträge zurück.

Meine Herren! Diese kurze Betrachtung über die Wirkung der Einführung einer Angestelltenversicherung nach dem Muster des Entwurfs auf die Pensionskasse der Gasmotorenfabrik Deutz läßt erkennen, daß diese ihre Beiträge mindestens von 10 auf 11 pCt. erhöhen müßte. Dabei blieb aber noch der Umstand unberücksichtigt, daß die Witwenpension bei der Kasse 50 pCt. des Ruhegeldes gegen 40 pCt. nach dem Gesetzentwurf beträgt, und es ist deshalb sehr erklärlich, wenn die von der genannten Kasse angestellten genaueren Berechnungen ergaben, daß eine Erhöhung der Beiträge von 10 auf 12 pCt. eintreten müßte, falls der vom Entwurf vorgesehene Weg beschritten werden sollte. Unter diesen Umständen müssen sich auch hier die Beteiligten die Frage vorlegen, ob die Pensionskasse in der bisherigen Form noch bestehen bleiben soll, wenn der vorliegende Entwurf Gesetz wird.

Wie bei der eben behandelten Kasse sind auch bei der Beamten-Pensions-, Witwen- und Waisenkasse der Bergischen Stahl-Industrie in Remscheid Beiträge von zusammen 10 pCt. vorgesehen. Die Leistungen sind ebenfalls ähnlich geregelt, nur werden sie nicht nach dem Durchschnitts-, sondern nach dem Endgehalt berechnet. Die Kasse der Bergischen Stahl-Industrie würde daher durch ein Gesetz nach dem Muster des Entwurfes in ihrer Existenz noch schwerer bedroht werden als die Kasse der Gasmotorenfabrik Deutz.

Auch bei der letzten Kasse, die meine erwähnte Zusammenstellung enthält, nämlich bei der Pensionskasse der Beamten der Farbenfabriken vorm. Friedr. Bayer & Co. liegen die Verhältnisse nicht wesentlich anders. Zwar erhebt diese Kasse schon jetzt von den Mitgliedern 5 pCt. und von der Firma 10 pCt., aber wenn man sich die Leistungen dieser Kasse ansieht und mit den im Gesetzentwurf vorgesehenen vergleicht, erhält man die Ueberzeugung, daß auch diese Kasse trotz ihrer jetzt schon so bedeutenden Beiträge den vom Entwurf vorgesehenen Weg nicht ohne Beitragserhöhung beschreiten könnte. Uebrigens ist auch diese Kasse versicherungstechnisch vollkommen einwandfrei aufgebaut, seitdem sie auf Grund einer auf den 31. Dezember 1906 bezüglichen versicherungstechnischen Prüfung unter Mitwirkung des Kaiserlichen Aufsichtsamtes für Privatversicherung reformiert wurde. Auf eine Darstellung der außerordentlich weitgehenden Leistungen dieser Kasse möchte ich hier verzichten, zumal bei der großen Verschiedenheit zwischen dem Aufbau dieser Kasse und dem der geplanten Reichsversicherungsanstalt es uns doch nicht gelingen würde abzuschätzen, um wie viel Prozent die Beiträge dieser Kasse erhöht werden müßten, wenn der Entwurf Gesetz werden sollte.

Sie sehen also, meine Herren, daß bei den sämtlichen sieben Beamtenpensionskassen des rheinisch-westfälischen Industriebezirks, über die ich mir genaueres Material beschaffen konnte, eine Erhöhung der Beiträge oder eine Herabsetzung der Leistungen unbedingt eintreten müßte, wenn der vom

Entwurf vorgesehene Weg in das Gesetz aufgenommen werden sollte. Dasselbe gilt aber auch für die Kassen in anderen Teilen des Reiches, und um nur ein Beispiel dafür zu nennen, sei der Pensions-Verein der „Maschinenfabrik Augsburg-Nürnberg A.-G." erwähnt, der, wie mir mitgeteilt wird, durch ein Gesetz nach vorliegendem Muster in seinen Grundlagen erschüttert werden würde.

Man muß auch beachten, daß das Gesetz sofort beim Inkrafttreten der reichsgesetzlichen Angestelltenversicherung diesen Kassen einen sehr großen Teil ihrer Einnahmen fortnehmen, aber nur ganz allmählich eine Entlastung bringen würde, die erst nach etwa 50—70 Jahren den Beharrungszustand erreichen würde.

Aber damit sind die Schwierigkeiten, die das Gesetz für die bestehenden Pensionskassen mit sich bringt, noch keineswegs erschöpft. Sie brauchen ja nur daran zu denken, daß allen diesen Kassen auch Angestellte mit einem Gehalt von über 5000 M. angehören, und sofort werden Sie sich die Frage vorlegen, ob denn die durch das Gesetz nötig werdende Beitragserhöhung auch diejenigen treffen soll, die das Gesetz gar nichts angeht. Vielleicht meint mancher, daß das nicht so schlimm wäre, weil ja die erwähnten Personen die leistungsfähigsten unter den Kassenmitgliedern sind. Aber, meine Herren, es gibt auch zahlreiche Pensionskassen, die Arbeiter und Beamte umfassen, und es kann doch unmöglich gerechtfertigt werden, unter der durch das Gesetz entstehenden Schädigung der Pensionskassen auch die Arbeiter leiden zu lassen. Man müßte also bei allen diesen Kassen von dem bisherigen Grundsatz eines einheitlichen Beitragssatzes abgehen, was natürlich die Verwaltung erheblich erschweren würde. Am kompliziertesten würden die durch die neue Versicherung herbeigeführten Verhältnisse für diejenigen Angestellten werden, die gegenwärtig schon zwei Pensionskassen angehören. Bei einigen Firmen besteht nämlich sowohl eine Arbeiter- als auch eine Beamtenpensionskasse, und man hat bei denjenigen Leuten, die als Arbeiter in das Werk eintraten und erst später in eine Beamtenstellung aufrückten, die Sache vielfach so gehandhabt, daß die Betreffenden mit einem Teil ihres Einkommens, z. B. 2000 M. in der Arbeiterpensionskasse verblieben und nur mit dem Rest des Einkommens der Beamtenpensionskasse beitraten. Bei der Firma Krupp sind es mehr als 1000 Personen, die auf diese Weise der Arbeiter- und gleichzeitig der Beamtenpensionskasse angehören. Welche von beiden Pensionskassen soll nun für diese Angestellten die Beiträge an die Reichsversicherungsanstalt abführen und dann die reichsgesetzlichen Bezüge auf ihre Leistungen anrechnen? oder sollen beide Kassen zu einem gewissen Bruchteil dies tun und wie soll etwa dieser Bruchteil bestimmt werden? Darauf, meine Herren, bleibt uns der Entwurf und seine Begründung jede Antwort schuldig.

Meine Herren! Nach dem, was ich Ihnen dargelegt habe, ist die von dem Entwurf vorgesehene Behandlung der Werkskassen eine im höchsten Grade unbefriedigende, ja geradezu unannehmbare, da sie den Verhältnissen der Kassen in keiner Weise Rechnung trägt und sie fast durchweg in ihrer Existenz bedroht. Es ist einfach nicht zu begreifen, wie die Begründung behaupten kann, es könnten bei der Regelung des Entwurfs „nicht nur sämtliche bestehenden Fürsorgekassen weiter erhalten, sondern im Interesse der Angestellten neue Kassen auch in Zukunft gegründet werden". Es bleibt nun die Frage zu erörtern, was denn an die Stelle der abgelehnten Bestimmungen zu setzen ist.

Die Antwort auf diese Frage sollte nach meiner Ansicht dahin lauten, daß bei der reichsgesetzlichen Angestelltenversicherung die Pensionskassen genau so behandelt werden müssen, wie dies seinerzeit bei Einführung der Invalidenversicherung geschah. Das Invalidenversicherungsgesetz berücksichtigt die besonderen Pensionseinrichtungen an zwei verschiedenen Stellen. Durch § 10 wird dem Bundesrat die Befugnis eingeräumt, die Vorschriften der §§ 5 und 6, welche die Befreiung von der Versicherungspflicht betreffen, auch auf Mitglieder privater Kasseneinrichtungen, welche die Fürsorge für den Fall der Invalidität und des Alters zum Gegenstande haben, auszudehnen. Die Begründung zum Invalidenversicherungsgesetz bemerkt dabei, es verstehe sich von selbst, daß der Bundesrat von dieser Bestimmung nur dann Gebrauch machen werde, wenn nach den anzustellenden Ermittelungen die betreffenden Einrichtungen die erforderliche Gewähr für ihre dauernde Leistungsfähigkeit bieten, so daß den Mitgliedern mindestens die reichsgesetzlich in Aussicht gestellte Fürsorge tatsächlich in entsprechender Weise gesichert erscheint. Das Invalidenversicherungsgesetz hat also die Zulassung auch von privaten Ersatzinstituten grundsätzlich gestattet. Tatsächlich sind allerdings nur vier Knappschaftskassen auf Grund dieses Paragraphen zugelassen worden.

Das Invalidenversicherungsgesetz erwähnt die Pensionskassen außerdem noch im § 52. Dieser bestimmt, daß Fabrikkassen, Knappschaftskassen, Seemannskassen u. dgl., welche ihren nach den reichsgesetzlichen Bestimmungen versicherten Mitgliedern für den Fall des Alters oder der Erwerbsunfähigkeit Renten oder Kapitalien gewähren, berechtigt sind, diese Unterstützungen um den Wert der Invaliden- oder Altersrenten oder zu einem geringeren Betrage zu ermäßigen,

„sofern gleichzeitig die Beiträge der Betriebsunternehmer und Kassenmitglieder oder im Falle der Zustimmung der Betriebsunternehmer wenigstens diejenigen der Kassenmitglieder in entsprechendem Verhältnisse herabgemindert werden . . .“ Der Beitragsermäßigung bedarf es nicht, „sofern die ersparten Beträge zu anderen Wohlfahrtseinrichtungen für Betriebsbeamte, Arbeiter oder deren Hinterbliebene verwendet werden sollen oder soweit die Beiträge in der bisherigen Höhe erforderlich sind, um die der Kasse verbleibenden Leistungen zu decken“.

Die Begründung bemerkt hierzu, daß, wenn Fabrikkassen usw. als besondere Kasseneinrichtungen nicht zugelassen werden können oder wollen, es nicht Aufgabe der Gesetzgebung sein könne, „diese Wohltätigkeitseinrichtungen aus Anlaß der gesetzlichen Regelung der Alters- und Invaliditätsversicherung aufzuheben oder in ihrer Wirksamkeit zu beschränken“. Diese Kassen könnten vielmehr als Zuschußkassen immer eine segensreiche Wirksamkeit entfalten; es empfehle sich aber, „solchen Kassen schon durch das Gesetz eine entsprechende Herabsetzung ihrer Leistungen, sofern derselben ausgleichend eine entsprechende Herabsetzung der Beiträge wenigstens der versicherten Kassenmitglieder an die Seite tritt, zu gestatten“.

An diesen eben dargelegten Bestimmungen des Invalidenversicherungsgesetzes hält der Entwurf einer Reichsversicherungsordnung im wesentlichen fest. Er schreibt nämlich im § 1345 vor, daß der Bundesrat auf Antrag der zuständigen Stelle bestimme, welche Anstalten des Reichs, eines Bundesstaates oder eines Gemeindeverbandes als Sonderanstalten zugelassen werden und von welchem Zeitpunkte an, und daß der Bundesrat auf Antrag auch andere Sonderanstalten zulassen könne; in den §§ 1346 bis 1351 werden die Bedingungen angegeben, denen die Sonderanstalten genügen müssen. Ferner wird im § 1307 vorgeschrieben, daß Fabrik-, Seemanns- und ähnliche Kassen die Invaliden-, Alters- und Hinterbliebenenunterstützung, die sie ihren reichsgesetzlich versicherten Mitgliedern geben, um höchstens den Wert der reichsgesetzlichen Bezüge dieser Art ermäßigen können, und daß dann alle Beiträge oder, wenn die Arbeitgeber damit einverstanden sind, wenigstens die der Kassenmitglieder entsprechend herabzusetzen sind. Der Paragraph bestimmt weiter, daß die erforderlichen Anordnungen von den Kassen durch Satzungsänderung mit Genehmigung der zuständigen Behörde herbeizuführen sind und daß die Behörde die Aenderung selbst vornehmen kann, wenn die Kasse den Antrag der beteiligten Arbeitgeber oder der Mitgliedermehrheit ablehnt, ferner, daß die Beiträge nicht ermäßigt zu werden brauchen, wenn die an den Unterstützungen gemachten Ersparnisse entweder nötig sind, um die der Kasse verbleibenden Leistungen zu decken, oder satzungsmäßig mit Genehmigung der Aufsichtsbehörde zu Wohlfahrtseinrichtungen für Betriebsbeamte, Arbeiter oder deren Hinterbliebene verwendet werden. Der folgende Paragraph trifft ähnliche Vorschriften für die Knappschaftsvereine oder Knappschaftskassen, bei denen jedoch die reichsgesetzlichen Bezüge höchstens zur Hälfte angerechnet werden dürfen, und in der Begründung zu diesem Paragraphen wird u. a. ausgeführt, daß für die vorgeschlagene Regelung als ein nicht unwesentlicher Umstand auch die Tatsache ins Gewicht falle, „daß die dringend nötige, ohnehin eine erhebliche Beitragserhöhung erfordernde Sanierung zahlreicher Knappschaftsvereine durch eine doppelte Belastung in unerwünschter Weise erschwert werden würde".

Meine Herren! Daß das Invalidenversicherungsgesetz und im wesentlichen damit übereinstimmend der Entwurf einer Reichsversicherungsordnung in den angeführten Bestimmungen das Problem der besonderen Pensionseinrichtungen gelöst haben, hält die Begründung zu dem Entwurf eines Versicherungsgesetzes für Angestellte anscheinend überhaupt nicht für erwähnenswert, obwohl sie betont, daß dieses Problem eines der schwierigsten auf diesem Gebiete ist. Nur wie das österreichische Gesetz sich zu dieser Frage gestellt hat, wird in der Begründung erwähnt. Allerdings in recht oberflächlicher Weise. Alles was die Begründung darüber sagt, ist nämlich das Folgende: „Das österreichische Privatbeamten-Versicherungsgesetz läßt Ersatzinstitute und Ersatzverträge für die Durchführung der Angestelltenversicherung zu; hiermit sind jedoch schlechte Erfahrungen gemacht worden." Worin diese schlechten Erfahrungen bestehen sollen, verschweigt uns aber der Verfasser der Begründung vollkommen. Jedenfalls aber muß uns diese Bemerkung Anlaß geben, die vom österreichischen Gesetz gewählte Lösung des vorliegenden Problems näher ins Auge zu fassen. Dabei darf ich wohl vorausschicken, was die Begründung des österreichischen Gesetzes über diese Frage ausführt. Es wird da zunächst festgestellt, daß bereits vor Erlaß des Gesetzes für einen ziemlich bedeutenden Bruchteil von Angestellten in mehr oder weniger großem Umfange Pensionsfürsorge bestand. „War einerseits", so fährt die österreichische Begründung fort, „kein Anlaß vorhanden, solche oft mit viel Mühe gegründete und großgezogene Pensionsinstitute einfach als nicht existent anzusehen und auf diese Weise die Mitglieder zu doppelten Leistungen zu zwingen, so ist es wohl eine der vornehmsten Aufgaben der Gesetzgebung, gute Institutionen sorgfältig zu hüten und minder gute fortzubilden." Dabei dürfe auch nicht übersehen werden, daß viele bestehende Institute in ausgiebigerer Weise für ihre Mitglieder sorgen, als dies im Wege des Gesetzes geschehen könne; es müsse daher auch die Möglichkeit offengelassen werden, „daß solche Institute auch fürderhin nach Maßgabe des Bedürfnisses entstehen können". Andererseits müsse der Entwurf darauf bedacht sein, daß überall die gesetzlichen Leistungen wenigstens im Durchschnitt als Mindestleistung gewährt werden, und daß auch die Ersatzinstitute der Staatsaufsicht unterstellt bleiben. Das österreichische Gesetz läßt demgemäß private Versicherungsinstitute, Pensionsinstitute und dergleichen unter bestimmten Bedingungen als Ersatzinstitute zu.

Die Anerkennung als Ersatzinstitut, die, wenn die im Gesetz vorgesehenen Voraussetzungen erfüllt sind, nicht verweigert werden darf, ist bei dem Minister des Innern zu erwirken und kann von der Stellung einer angemessenen Sicherheit abhängig gemacht werden. Gegen die Verweigerung der Anerkennung ist die Beschwerde an den Verwaltungsgerichtshof zulässig.

Unter ähnlichen Bedingungen wie die Ersatzinstitute sind auch „Ersatzverträge" zugelassen.

Von dem österreichischen Gesetz ist bekannt, daß trotz der 5 ½ Jahre, die von seiner ersten Einbringung bis zur Verabschiedung des Gesetzes verflossen, dennoch die Fassung des Gesetzestextes zahlreiche Mängel enthält. In Oesterreich selbst ist man von der Mangelhaftigkeit des Gesetzes schon vor seinem Inkrafttreten so sehr überzeugt gewesen, daß schon damals eine Novellierung in die Wege geleitet war und nur deshalb unterblieb, weil die Session des Abgeordnetenhauses vorzeitig geschlossen wurde. Der erste Jahresbericht der staatlichen „Allgemeinen Pensionsanstalt für Angestellte" spricht es offen aus, daß „die Hast, mit der die Annahme geschah, nicht ohne manch abträgliche Folge für die Fassung des Gesetzes blieb". Die Mängel des österreichischen Gesetzes erkennt man am besten daraus, daß von 300 000 bis 400 000 Privatangestellten am 31. Dezember 1909 nach Professor Rauchberg nur etwa 159 900 Personen versichert waren, und zwar nur rund 96 400 bei der Allgemeinen Pensionsanstalt und 63 500 bei Ersatzeinrichtungen. Für jene bei der Allgemeinen Pensionsanstalt versicherten 96 400 Personen sollten bis zum 31. Dezember 1909 20,3 Millionen Kronen an Beiträgen eingezahlt sein, tatsächlich sind aber nur 12,3 Millionen Kronen eingegangen, weil fast 40 pCt. dieser Versicherten Einspruch gegen ihre Versicherungspflicht erhoben hatten und bis zur Erledigung des Verfahrens keinen Beitrag zu zahlen brauchen.

Wenn man aus diesen kläglichen Erfahrungen, die in Oesterreich mit der Angestelltenversicherung gemacht wurden, für Deutschland überhaupt so ohne weiteres irgendeine Folgerung ziehen könnte, so wäre es jedenfalls die, daß man auf eine Angestelltenversicherung bei uns lieber ganz verzichten sollte. Diese Folgerung wäre wenigstens mindestens ebenso berechtigt, wie die von der Begründung unseres Gesetzentwurfes gezogene, daß man bei uns von der Zulassung von Ersatzinstituten gänzlich absehen solle, weil Oesterreich schlechte Erfahrungen damit gemacht hat.

Meine Herren! Die Behauptung, die österreichischen Bestimmungen über die Zulassung von Ersatzinstituten hätten sich dort nicht bewährt, wird in der Literatur über das österreichische Pensionsversicherungsgesetz mehrfach vertreten, dagegen ist mir eine ausreichend erscheinende Begründung dieser Behauptung nicht bekannt geworden. Ich glaube aber die Vermutung aussprechen zu dürfen, daß, wenn in Oesterreich wirklich mit jenen Bestimmungen schlechte Erfahrungen gemacht worden sind, dieses nicht an dem Inhalt der Bestimmungen selbst liegt, sondern an einer vielleicht etwas zu weitgehenden Auslegung derselben in der Praxis. Hierauf scheint mir die Tatsache hinzudeuten, daß nach zuverlässigen Quellen, „abgesehen von zahllosen Ersatzverträgen, gegen 500 Ersatzeinrichtungen anerkannt worden" sind. Eine zu weitgehende Auslegung entsprechender Bestimmungen durch reichsdeutsche Behörden ist aber nicht ernsthaft zu befürchten. Eher glaube ich, daß man, um eine allzu enge Auslegung der Bestimmungen zu vermeiden, in unserem Gesetz die Entscheidung über die Zulassung von Ersatzinstituten nicht, wie im Invalidenversicherungsgesetz, dem Bundesrat, sondern einer nicht nur mit Verwaltungs-, sondern auch mit richterlichen Aufgaben betrauten Behörde übertragen sollte. Eine diesen Anforderungen entsprechende und gleichzeitig auf dem Gebiete des Versicherungswesens sachkundige Behörde ist das Aufsichtsamt für Privatversicherung, und deshalb möchte ich glauben, daß ihm die Entscheidung über die Zulassung von Ersatzinstituten zu übertragen wäre, für die im Gesetz Normativbestimmungen aufgestellt werden müssen.

Ich müßte die mir zur Verfügung stehende Zeit erheblich überschreiten, wenn ich Ihnen die einzelnen Bedingungen, von denen die Zulassung von Ersatzinstituten abhängig zu machen sein wird, begründen wollte. Ich will nur bemerken, daß ich versucht habe, diese Bedingungen in den von mir aufgestellten Leitsätzen unter Berücksichtigung des Invalidenversicherungsgesetzes, der Reichsversicherungsordnung, des österreichischen Pensionsversicherungsgesetzes und der sogenannten zweiten amtlichen Denkschrift zur Privatbeamtenversicherung zu formulieren. Diese Formulierung stellt nach meiner Ansicht dasjenige dar, was der Gesetzgeber fordern muß, aber auch äußerstenfalls fordern darf, wenn er eine so weitgehende Zwangsversicherung der Angestellten für erforderlich hält, wie sie der Gesetzentwurf vorschlägt.

Was nun die Frage der Zuschußkassen angeht, so brauche ich nach dem, was ich oben über die Behandlung der Zuschußkassen durch das Invalidenversicherungsgesetz und den Entwurf einer Reichsversicherungsordnung ausgeführt habe, nur noch zu sagen, daß auch in das Angestelltenversicherungsgesetz eine dem § 1307 der Reichsversicherungsordnung entsprechende Bestimmung aufgenommen werden muß. Wenn das geschieht, so wird den besonderen Pensionseinrichtungen für die Statutenänderungen, zu denen sie durch die Einführung einer Zwangsversicherung für Angestellte gezwungen werden, ein solcher Spielraum gelassen, daß in jedem einzelnen Falle derjenige Weg gewählt werden kann, der für die Kassenmitglieder am vorteilhaftesten ist.

4. Die Bestimmungen über die Knappschaftsvereine.

Meine Herren! Vieles von dem, was ich Ihnen soeben über die Behandlung der besonderen Pensionseinrichtungen durch den Gesetzentwurf vorgetragen habe, trifft auch für die Knappschaftsvereine zu, doch sind sie von vornherein insofern bessergestellt, als sie unter Umständen die Anerkennung als Ersatzinstitute der Reichsversicherung erhalten können. Die letztere Möglichkeit ist durch § 14 Ziffer 3 des Entwurfs geschaffen, wonach durch Anordnung des Bundesrats

> „Angestellte in Betrieben, für die eine Invaliden- und Hinterbliebenenversorgung bereits durch landesrechtliche Vorschriften geregelt ist",

für versicherungsfrei erklärt werden können. Die Begründung bemerkt hierzu, die im § 14 Ziffer 3 bezeichnete Voraussetzung treffe im allgemeinen auf sämtliche knappschaftspflichtigen Betriebe zu, die Vorschrift werde aber voraussichtlich nur bei solchen Knappschaftsvereinen zur Anwendung gelangen können, die nach der Ueberzeugung des Bundesrats durch ihre finanzielle Lage hinreichende Sicherheit für die dauernde Erfüllbarkeit der den Angestellten zu gewährenden Leistungen bieten. Das Bestreben der Knappschaftsvereine wird selbstverständlich dahin gehen, in dieser Weise als Ersatzinstitute zugelassen zu werden, und es ist wohl anzunehmen, daß wenigstens die größten und leistungsfähigsten Vereine hiermit Erfolg haben werden. Für diejenigen Knappschaftsvereine aber, welche die Anerkennung des Bundesrats nicht finden sollten, ist im § 369 des Entwurfs im wesentlichen dieselbe Regelung vorgesehen wie für die privaten Pensionskassen. Es besteht jedoch der Unterschied, daß hier die Anrechnung der gesetzlichen Leistungen auf die satzungsmäßigen Bezüge und die Abführung der Beiträge an die Reichsversicherung ohne weiteres kraft des Gesetzes eintreten sollen, während sie bei den Pensionskassen nur durch Beschluß der Kassenorgane herbeigeführt werden können, daß aber auf der anderen Seite durch Bestimmung der Satzung die Ermäßigung der Unterstützungen um die reichsgesetzlichen Leistungen auf einen Teil der letzteren beschränkt oder ganz ausgeschlossen werden kann. Findet danach die volle Ermäßigung der Unterstützungen nicht statt, so ist nur der entsprechende Teil der Beiträge zur reichsgesetzlichen Versicherung aus den Mitteln des Knappschaftsvereins zu entrichten, und der Arbeitgeberbeitrag muß alsdann mindestens der Hälfte der aus den Mitteln des Knappschaftsvereins zu entrichtenden Beiträge gleichkommen.

Zur Rechtfertigung der verschiedenartigen Behandlung der Pensionskassen und der Knappschaftsvereine führt die Begründung aus, die ersteren beruhten regelmäßig auf freier Vereinbarung der Beteiligten, von denen sie auch verwaltet würden; hier müsse deshalb das selbständige Ermessen der Kassenorgane über die Anrechnung der reichsgesetzlichen Leistungen entscheiden. Die Knappschaftsvereine dagegen gewährten ihre Leistungen auf Grund gesetzlicher Pflicht, auch seien die von der Reichsversicherung betroffenen Beamten nur in verschwindend geringem Umfange an der Verwaltung beteiligt, da die Knappschaftsältesten fast durchweg aus Arbeitermitgliedern bestünden. In der tatsächlichen Entwickelung wird aber wohl der vom Entwurf gemachte Unterschied zurücktreten, da die privaten Pensionskassen ohne Ausnahme genötigt sein werden, die Anrechnung der reichsgesetzlichen Leistungen zu beschließen, um eine Doppelversicherung und unerschwinglich hohe Beiträge zu vermeiden.

Belassen es nun die Knappschaftsvereine bei der gesetzlichen Regel der vollen Anrechnung der Leistungen aus der Reichsversicherung oder begnügen sie sich mit einer anteiligen Anrechnung, so entstehen bei ihnen dieselben Schwierigkeiten, die ich vorhin bezüglich der Pensionskassen dargelegt habe. Die Schwierigkeiten sind hier sogar noch größer als bei den reinen Beamtenpensionskassen, weil die Knappschaftsvereine durchweg aus Beamten und Arbeitern gemischt sind. Die Knappschaftsvereine würden daher genötigt sein, für ihre neu versicherungspflichtig werdenden Beamtenmitglieder besondere nach dem Prämiendeckungsverfahren berechnete Beiträge zu erheben, und hieraus würde folgen, daß auch eine Teilung des vorhandenen Vermögens nach dem Kapitalwert einerseits der Arbeiterpensionen, andererseits der Beamtenpensionen vorgenommen werden muß. Auf alle Fälle werden auch die Knappschaftsvereine zu erheblichen Beitragserhöhungen schreiten müssen, ganz besonders, wenn sie in ihren Leistungen über diejenigen der Reichsversicherung hinausgehen wollen, um so bei ihren Mitgliedern überhaupt noch ein Interesse an der Sonderversicherung zu erhalten. Ebenso wie für die Pensionskassen wird deshalb durch die Angestelltenversicherung auch für viele Knappschaftsvereine die Frage aufgeworfen werden müssen, ob sie überhaupt weiter bestehen können. Auch hier bedroht also der Gesetzentwurf die Existenz bewährter, ja vielfach altehrwürdiger Kasseneinrichtungen, die bisher zur Zufriedenheit und zum Segen ihrer Mitglieder wirken konnten. Das Verlangen erscheint berechtigt, daß das Reichsgesetz die auf staatlicher Grundlage beruhenden Knappschaftsvereine, die hinsichtlich ihrer Leistungsfähigkeit dauernd unter der Aufsicht der Landesbehörden stehen, und, soweit Preußen in Frage kommt, in der knappschaftlichen Rückversicherungsanstalt eine weitgehende Verstärkung ihrer finanziellen Grundlage besitzen, allgemein als Ersatzinstitute anerkennt, jedenfalls dann, wenn ihre Leistungen den im Gesetz festzustellenden im wesentlichen wenigstens gleichkommen. Soweit aber die Anerkennung als Ersatzinstitut nicht in Frage kommt, sollte der Gesetzgeber auch hier, wie bei den Werkpensionskassen auf die im Invalidenversicherungsgesetz getroffene Regelung zurückgreifen.

Meine Herren! Wenn ich Ihnen hinsichtlich der Pensionskassen und der Knappschaftsvereine darlegen mußte, daß die Vorschläge des Gesetzentwurfes zu den größten Bedenken Anlaß geben, so sind solche leider auch bezüglich der

II. Versicherungsverträge mit privaten Lebensversicherungs-Unternehmungen

nicht ausgeschlossen, die in den §§ 370 bis 373 behandelt werden. Ich möchte zunächst hervorheben, daß der Abschluß einer Lebensversicherung, durch welche ein Angestellter für sein Alter oder seine Hinterbliebenen zu sorgen sucht, einen Akt der Selbsthülfe darstellt, der in unserer Zeit des beständigen Rufens nach Staatshilfe doppelt erfreulich ist. In vielen Fällen unterstützen nun auch die Arbeitgeber diese Selbsthilfebestrebungen ihrer Angestellten, indem sie Zuschüsse zu den Versicherungsprämien leisten. In welchem Umfange eine solche Förderung der Lebensversicherung durch die Arbeitgeber stattfindet, darüber sind meines Wissens allgemeine Statistiken nicht vorhanden, immerhin kann ich Ihnen einige Zahlen aus dem rheinisch-westfälischen Industrierevier nennen. Bei dem Kruppschen Lebensversicherungsverein, der von der Firma Krupp laufend unterstützt wird, bestanden Ende 1910 8764 Lebensversicherungen in der Höhe von 20 490 052 M. Und auf den Zechen des Vereins für die Bergbaulichen Interessen im Oberbergamtsbezirk Dortmund waren Ende 1909 8440 Versicherungen mit einem Kapital von 46 691 425 M. in Kraft. Daß auch der Centralverband Deutscher Industrieller mit einer Versicherungsgesellschaft einen Normalvertrag abgeschlossen hat, um den Angestellten seiner Mitglieder den Abschluß von Lebensversicherungsverträgen zu erleichtern, ist Ihnen ja allen bekannt. Ich kann schließlich noch anführen, daß vor einigen Jahren unter Beteiligung von industriellen Firmen aus allen Teilen des Reichs eine besondere Versicherungsgesellschaft, die Vereins-Versicherungs-Bank für Deutschland in Düsseldorf ins Leben getreten ist, die sich in erster Reihe die Pflege der Lebensversicherung von Arbeitern und Angestellten zur Aufgabe gemacht hat. Wir stehen also hier sehr weitreichenden und beachtenswerten Bestrebungen gegenüber, die nach jeder Richtung gefördert zu werden verdienen. Ich darf hier vielleicht daran erinnern, daß auch der Gesetzgeber in Preußen und vielen anderen Staaten die Förderung der Lebensversicherung für so sehr im öffentlichen Interesse liegend anerkannt hat, daß er den Abzug der Lebensversicherungsprämien vom steuerpflichtigen Einkommen gestattet.

Der vorliegende Gesetzentwurf verkennt nun auch nicht, daß eine gewisse Rücksichtnahme auf die Lebensversicherung notwendig ist, er geht aber darin nach meiner Ansicht nicht weit genug.

Der Entwurf will diejenigen Angestellten auf ihren Antrag von der neuen Pflichtversicherung befreien, die nachweisen können, daß sie zur Zeit der Veröffentlichung des Gesetzes schon eine Lebensversicherung abgeschlossen hatten und daß zur Zeit des Inkrafttretens des Gesetzes der Jahresbetrag ihrer Beiträge für diese Versicherung mindestens dem gesetzlichen Pflichtbeitrag gleichkommt. Hat der Arbeitgeber zu dieser Lebensversicherung nichts beigesteuert, so muß er den nach dem Versicherungsgesetz auf ihn entfallenden Beitragsanteil an die Reichsversicherungsanstalt abführen, und dem Versicherten werden dafür die gesetzlichen Leistungen zur Hälfte gewährt. Mit diesen Bestimmungen des Entwurfs wird man sich einverstanden erklären können, jedoch muß ich auf einen redaktionellen Mangel des § 370 aufmerksam machen, denn dort heißt es, daß Angestellte, die in der erwähnten Weise bei einer Lebensversicherungsunternehmung versichert sind, auf ihren Antrag von der Beitragsleistung befreit werden können. Würde der Verfasser des Gesetzentwurfes eine solche Kannvorschrift beabsichtigt haben, so wäre es zwecklos gewesen, im folgenden Paragraphen zu bestimmen, daß der Rentenausschuß und auf Beschwerde endgültig das Schiedsgericht einen Streit über die Befreiung zu entscheiden hat. Im § 370 ist also jedenfalls eine redaktionelle Verbesserung erforderlich, die an Stelle der Worte „können auf ihren Antrag . . . befreit werden“ die Worte setzt: „sind auf ihren Antrag . . . zu befreien“. Ein zweiter redaktioneller Mangel dieses Paragraphen besteht darin, daß er nur den § 1 des Gesetzes vom 12. Mai 1901 anzieht und nicht auch den § 6 Absatz 3, der hier vor allen Dingen in Betracht kommt. Doch darauf, meine Herren, will ich nicht näher eingehen. Ebenso will ich unerörtert lassen, ob es berechtigt ist, den privaten Lebensversicherungsunternehmungen, die ja von einer staatlichen Angestelltenversicherung sicherlich keinen Nutzen, vermutlich sogar, wenigstens für einige Jahre, Schaden haben werden, die vom Entwurf vorgesehene Verpflichtung aufzuerlegen, die Aufhebung von Versicherungsverträgen der Reichsanstalt mitzuteilen, wenn ihnen angezeigt worden ist, daß auf Grund der betreffenden Verträge Angestellte von der Beitragsleistung befreit wurden.

Was nun die Lebensversicherungen angeht, zu denen der Arbeitgeber bisher Zuschüsse gezahlt hat, so kann er nach dem Vorschlag des Entwurfes von diesen Zuschüssen die an die Reichsversicherungsanstalt zu entrichtenden Beiträge in Abzug bringen. Auf Antrag des Versicherten soll dann die Reichsversicherungsanstalt die gekürzten Beträge des Zuschusses an die privaten Lebensversicherungsunternehmungen aus den ihr übersandten Arbeitgeberbeiträgen weiterzahlen, wenn

1. die Versicherung noch in voller Höhe besteht,
2. der Versicherungsschein hinterlegt wird,
3. zur Sicherung einer Anwartschaft auf Ruhegeld und Hinterbliebenenrente die Forderung aus der Versicherung zu demjenigen Teile, welcher dem gekürzten Betrage der Arbeitgeberzuschüsse entspricht, an die Reichsversicherungsanstalt rechtsverbindlich abgetreten wird.

Meine Herren! Es ist nicht zu verkennen und gelangt auch in den Motiven zum Ausdruck, daß diese Bestimmungen des Entwurfs von dem Wunsche eingegeben sind, eine zu weit gehende Belastung des schon versicherten Angestellten zu vermeiden und gleichzeitig Vorsorge zu treffen, daß ihm sein Anspruch aus der bestehenden Lebensversicherung erhalten bleibt. Was zunächst an den Vorschlägen des Entwurfs für den Fall, daß der Arbeitgeber einen Zuschuß zu den Lebensversicherungsprämien zahlt, auffällt, ist ihre außerordentlich große Kompliziertheit, die von vornherein die Befürchtung erweckt, daß sie praktisch überhaupt nicht anwendbar sein werden. Die Verfasser des Entwurfs haben offenbar diese Empfindung selbst gehabt, da sie alle näheren Ausführungsvorschriften dem Bundesrat überlassen wollen, um, wie die Begründung bezeichnender Weise sagt, die Bestimmungen den Erfahrungen entsprechend auf dem kürzesten Wege nach Bedarf verbessern zu können.

Die Vorschläge des Entwurfs erscheinen aber auch nicht geeignet, den Versicherten vor finanziellen Verlusten zu schützen, was als Zweck dieser Bestimmungen in der Begründung angegeben wird, denn die Abführung der vom Arbeitgeber der Reichsversicherungsanstalt eingesandten bisherigen Zuschüsse an die private Lebensversicherungsunternehmung geschieht ja nicht, um dem Versicherten die bisherigen Rechte voll aufrecht zu erhalten, sondern die Forderung aus der Versicherung soll zu dem entsprechenden Teil an die Reichsversicherungsanstalt rechtsverbindlich abgetreten werden, damit diese dem Angestellten dafür eine Anwartschaft auf Ruhegeld und Hinterbliebenenrente gewährt. In allen denjenigen Fällen also, in denen diese Anwartschaft dem Versicherten weniger wert ist als der mit ihr rechnerisch gleichgesetzte Teil der Anwartschaft aus dem Lebensversicherungsvertrage, erleidet der Versicherte einen finanziellen Verlust. Nehmen wir etwa das Beispiel eines Junggesellen, der für keine Angehörigen zu sorgen und deshalb nur eine Altersrentenversicherung oder eine Kapitalversicherung auf den Erlebensfall abgeschlossen hat, so ist es klar, daß für ihn die Anwartschaft aus seinem Lebensversicherungsvertrag erheblich wertvoller ist als die rechnerisch ihr gleichzusetzende Anwartschaft auf Ruhegeld und Hinterbliebenenrente.

Wenn man also mit dem von der Begründung gewünschten Schutz derjenigen Angestellten, für deren Lebensversicherung der Arbeitgeber einen Zuschuß leistet, Ernst machen will, so muß man die Arbeitgeberbeiträge auf Verlangen des Versicherten an die privaten Lebensversicherungsunternehmungen abführen nicht zur Sicherung einer Anwartschaft auf Ruhegehalt und Hinterbliebenenrente, sondern zur Aufrechterhaltung der aus dem privaten Lebensversicherungsvertrage entstandenen Anwartschaft zugunsten des Versicherten selbst und seiner Hinterbliebenen. Viel einfacher noch würde es sein, diejenigen Arbeitgeber, welche nachweisen, daß sie zur Zeit des Inkrafttretens des Gesetzes Zuschüsse zu Lebensversicherungen ihrer Angestellten mindestens in Höhe der gesetzlichen Beiträge zahlen, von der gesetzlichen Beitragspflicht zu befreien.

Meine Herren! Wenn die Bestimmungen des Gesetzentwurfes über die privaten Lebensversicherungsverträge in der eben geforderten Weise abgeändert werden, so bleibt noch als eine Schattenseite der geplanten Angestelltenversicherung bestehen, daß eine große Anzahl vorhandener und höchst dankenswerter Fürsorgeeinrichtungen zum allmählichen Aussterben verurteilt, daß ferner auch für die Zukunft die freie Vereinbarung zwischen den Arbeitgebern und ihren Angestellten zur Vorsorge für die Zeit der Invalidität und des Alters und für die Hinterbliebenen der Angestellten bedeutend erschwert wird. Auf diese Weise wird die Knüpfung eines sozialpolitisch sehr erwünschten Bandes zwischen den Arbeitgebern und ihren Angestellten für die Zukunft in vielen Fällen unmöglich gemacht. Wollte man diese Schattenseite vermeiden, so müßte man auch die nach Inkrafttreten des Gesetzes abzuschließenden Lebensversicherungsverträge unter bestimmten Bedingungen als Grund zur Befreiung von der Beitragspflicht zur Reichsversicherungsanstalt gelten lassen. Damit würde man allerdings die Grundlage des Gesetzentwurfes wesentlich verschieben, indem man von der Einführung einer Zwangsversicherung gewissermaßen zur Festsetzung nur eines Versicherungszwanges käme.

Redner empfiehlt folgende

Leitsätze
zu dem Referat über den neunten Abschnitt des Entwurfes eines Versicherungsgesetzes für Angestellte.

I. Die vom Gesetzentwurf vorgeschlagenen Bestimmungen über die besonderen Pensionseinrichtungen entsprechen keineswegs der berechtigten Forderung, daß die vorhandenen, durch die Opferwilligkeit der Unternehmer und ihrer Angestellten ins Leben gerufenen Betriebspensionskassen und die landesgesetzlich geregelten Knappschaftsvereine in ihrem Bestande nicht gefährdet und ihrer segensreichen Wirksamkeit nicht beeinträchtigt werden dürfen.

II. Indem der Entwurf die Zulassung der privaten Pensionskassen als Ersatzinstitute für die staatliche Versicherung ablehnt und die Betriebspensionskassen nur als Zuschußkassen unter der Bedingung bestehen lassen will, daß sie die gesetzlichen Beiträge für ihre versicherungspflichtigen Mitglieder aus den Kassenmitteln entrichten, nötigt er sämtliche Kassen zu einer erheblichen Erhöhung der Beiträge oder Herabsetzung der Leistungen und stellt dadurch ihr Weiterbestehen ernstlich in Frage. Die im Entwurf vorgesehene Regelung erscheint besonders dort undurchführbar, wo dieselbe Pensionskasse Beamte und Arbeiter einer Firma umfaßt, und läßt den Fall gänzlich unberücksichtigt, daß Personen, die als Arbeiter in den Dienst eines Unternehmers eintraten, später aber dort in eine Beamtenstellung aufrückten, mit einem Teil ihres Einkommens in der Arbeiter-

(Forts. s. S. 124.)

	Pensions-, Witwen- und Waisenkasse für die Beamten der Firma Fried. Krupp A.G.	Pensions-, Witwen- und Waisenkasse für die Beamten des „Phoenix"	Pensions-, Witwen- und Waisenkasse für die Beamten der Gutehoffnungshütte
Gründungsjahr	1890	1904	1893
Mitgliederzahl am 1. Januar 1911 bzw. 1. Juli 1910	3 831	750	563
Höhe der laufenden Beiträge:			
a) der Mitglieder	3 %	3 %	3 %
b) der Firma	3 %	3 %	3 %
Höhe des Eintrittsgeldes . . .	ein Monatsgehalt	ein Monatsgehalt	ein Monatsgehal
Höhe der außerordentlichen Beiträge	von jeder Gehaltszulage ein Monatsbetrag	von jeder Gehaltszulage ein Monatsbetrag	von jeder Gehaltszulage ein Monatsbetrag
Höchstes anrechnungsfähiges Gehalt	10 000 M.	6 000 M.	6 000 M.
Dauer der Wartezeit	5 Jahre	5 Jahre; für Hinterbliebenenpensionen nur 1 Jahr	5 Jahre
Höhe des Ruhegeldes:			
a) nach 5 Jahren	25 % des Endgehalts	25 % des Endgehalts	25 % des Endgehalts
b) „ 10 „	$33^1/_3$ „	$33^1/_3$ „	$33^1/_3$ „
c) „ 20 „	50 „	50 „	50 „
d) „ 30 „	$66^2/_3$ „	$66^2/_3$ „	$66^2/_3$ „
e) „ 40 „	75 „	75 „	75 „
Höhe der Witwenpension:			
a) nach 5 Jahren	12,5 % des Endgehalts	12,5 % des Endgehalts	12,5 % des Endgehalts
b) „ 10 „	$16^2/_3$ „	$16^2/_3$ „	$16^2/_3$ „
c) „ 20 „	25 „	25 „	25 „
d) „ 30 „	$33^1/_3$ „	$33^1/_3$ „	$33^1/_3$ „
e) „ 40 „	37,5 „	37,5 „	37,5 „
Summe der bisher geleisteten freiwilligen Zuwendungen von seiten der Firma	4 650 000,— M.	2 350 000,— M.	1 200 000,— M
Kassenvermögen am 1. Januar 1911 bzw. 1. Juli 1910 . . .	9 636 083,71 „	3 995 001,53 „	2 672 023,86 „

*) Bei der Berechnung dieses Durchschnittsgehalts wiegt aber das in den ersten zehn Jahren bezoge

Pensions-, Witwen- und Waisenkasse für die Beamten des Bochumer Vereins	Pensions-, Witwen- und Waisenkasse für die Beamten der Bergischen Stahlindustrie G. m. b. H.	Pensions-, Witwen- und Waisenkasse für die Beamten der Gasmotorenfabrik Deutz	Pensionskasse der Beamten der Farbenfabriken vorm. Friedr. Bayer & Co.	Entwurf eines Versicherungsgesetzes für Angestellte
1895	1897	1897	1897	
383	90	547	1 350	
3 %	5 %	bei einem Gehalt von 1200—2000 M. 4 % 2001—3000 „ 5 „ 3001—5000 „ 6 „	5 %	etwa 3,5 %
4 %	5 %	bei einem Gehalt von 1200—2000 M. 6 % 2001—3000 „ 5 „ 3001—5000 „ 4 „	10 %	etwa 3,5 %
in Monatsgehalt	ein Monatsgehalt	—	—	—
von jeder Gehaltszulage ein Monatsbetrag	von jeder Gehaltszulage ein Monatsbetrag	von jeder Gehaltszulage ein Monatsbetrag	—	—
8 000 M.	6 000 M.	5000 M.	4 500 M.	—
5 Jahre	10 Jahre	10 Jahre	5 Jahre	10 Jahre
25 % 33 1/3 „ 50 „ 66 2/3 „ 75 „ des Endgehalts	— 25 % 41 2/3 „ 58 1/3 „ 75 „ des Endgehalts	— 25 % 41 1/3 „ 58 1/3 „ 75 „ des Durchschnittsgehalts	12 1/2 % 25 „ 50 „ 75 „ 100 „ des Endgehalts	— etwa 17 1/2 % „ 26 1/4 „ „ 35 „ „ 43 3/4 „ des Durchschnittsgehalts*)
12,5 % 16 2/3 „ 25 „ 33 1/3 „ 37,5 „ des Endgehalts	— 12 1/2 % 20 5/6 „ 29 1/6 „ 37 1/2 „ des Endgehalts	— 12 1/2 % 20 5/6 „ 29 1/6 „ 37 1/2 „ des Durchschnittsgehalts	6 1/4 % 12 1/2 „ 25 „ 37 1/2 „ 50 „ des Endgehalts	— etwa 7 % „ 10 „ „ 14 „ „ 17 1/2 „ des Durchschnittsgehalts*)
1 219 475,— M.	130 000,— M.	150 000,— M.	250 000,— M.	
3 200 000,— „	486 621,63 „	1 141 194,59 „	5 220 171,39 „	

ehalt doppelt so schwer wie das Gehalt der späteren Jahre.

pensionskasse verblieben und nur mit dem Rest der Beamtenpensionskasse beitraten.

III. An Stelle der unannehmbaren Vorschläge des Entwurfes ist zu fordern, daß die Stellung der besonderen Pensionseinrichtungen zur reichsgesetzlichen Angestelltenversicherung nach dem Vorgange des Invalidenversicherungsgesetzes (§§ 10 und 52) und des Entwurfes einer Reichsversicherungsordnung (§§ 1307 und 1345) geregelt werde, wo einerseits die Zulassung besonderer Kasseneinrichtungen („Sonderanstalten") als Ersatzinstitute für die reichsgesetzliche Versicherung unter bestimmten Bedingungen vorgesehen und andererseits den nicht zugelassenen Kassen volle Freiheit in bezug auf die Anrechnung der gesetzlichen Leistungen gegeben wird.

IV. Hiernach sind folgende Bestimmungen über die besonderen Pensionseinrichtungen vorzusehen:

1. Pensionskassen usw. sind als Ersatzinstitute für die reichsgesetzliche Angestelltenversicherung zuzulassen, wenn
   a) die Kassenleistungen im wesentlichen den gesetzlichen Leistungen mindestens gleichkommen,
   b) die Erfüllbarkeit mindestens der gesetzlichen Leistungen gewährleistet ist,
   c) die Beiträge der Arbeitgeber zu den Kassen mindestens den gesetzlichen Arbeitgeberbeiträgen gleichkommen,
   d) beim Uebertritt eines Kassenmitgliedes zur Reichsversicherungsanstalt oder einer anderen zugelassenen Fürsorgeeinrichtung diejenige Prämienreserve überwiesen wird, die zur Uebernahme der gesetzlichen Ansprüche erforderlich ist,
   e) den Kassenmitgliedern ein Rechtsanspruch auf die Kassenleistungen und bei der Entscheidung über die Gewährung von Kassenleistungen eine den gesetzlichen Vorschriften entsprechende Mitwirkung eingeräumt wird,
   f) die Kassen die sämtlichen versicherungspflichtigen Angestellten eines Arbeitgebers ohne Auswahl der Risiken aufnehmen.

2. Hinsichtlich derjenigen Kassen, die als bloße Zuschußkassen bestehen bleiben, ist eine dem § 1307 des Entwurfes der Reichsversicherungsordnung entsprechende Vorschrift erforderlich, die ihnen das Recht gibt, die reichsgesetzlichen Bezüge auf die Kassenleistungen ganz oder teilweise anzurechnen. In diesem Falle müssen die Kassen entweder alle Beiträge oder,

wenn die Arbeitgeber damit einverstanden sind, wenigstens die der Kassenmitglieder entsprechend herabsetzen, falls nicht die durch die Anrechnung der reichsgesetzlichen Bezüge gemachten Ersparnisse satzungsmäßig zur Erweiterung der Kassenleistungen verwendet werden oder zur Deckung der der Kasse verbleibenden Leistungen erforderlich sind.

3. Hinsichtlich der Knappschaftsvereine erscheint eine Vorschrift angebracht, die diese landesgesetzlich geregelten Einrichtungen allgemein als Ersatzinstitute anerkennt, falls ihre Leistungen im wesentlichen den gesetzlichen Leistungen mindestens gleichkommen.

V. Die vom Entwurf vorgeschlagenen Bestimmungen über die Berücksichtigung der Versicherungsverträge mit privaten Lebensversicherungsunternehmungen regeln in befriedigender Weise nur den Fall, daß der Angestellte die Lebensversicherungsprämien ganz aus eigenen Mitteln aufbringt. Dagegen wird die vom Entwurf beabsichtigte Regelung derjenigen Fälle, in denen die Arbeitgeber zu den Lebensversicherungsprämien ihrer Angestellten Zuschüsse zahlen, überall da zu einer Schädigung des Angestellten führen, wo diesem die reichsgesetzliche Anwartschaft auf Ruhegeld und Hinterbliebenenrente weniger wert ist als der ihr rechnerisch gleichgesetzte Teil der Anwartschaft aus dem Lebensversicherungsvertrage.

Es erscheint daher angebracht, diejenigen Arbeitgeber, welche beim Inkrafttreten des Gesetzes Zuschüsse zu den Lebensversicherungsprämien ihrer Angestellten mindestens in Höhe der gesetzlichen Arbeitgeberbeiträge zahlen, für die Dauer dieser Zuschußzahlung von der gesetzlichen Beitragspflicht zu befreien.

Vorsitzender: Ich eröffne die Diskussion.

Geheimer Oberregierungsrat **Koch:** Meine Herren! Gestatten Sie mir, daß ich mich auf einige leitende Gesichtspunkte beschränke. Wie der Herr Vorredner schon hervorgehoben hat, handelt es sich hier um einen der schwierigsten Punkte bei der Regelung dieser Materie, denn unser ernstes Bestreben war, die bestehenden Einrichtungen tunlichst zu schonen. Wenn diese Bestrebungen uns nicht ganz erfolgreich gewesen sind, so bedauern wir das. Im übrigen muß man immer damit rechnen, daß bei einer so schwierigen Materie Umstände eintreten können, die eine Abänderung der Vorschläge erforderlich machen. Daher ist die öffentliche Diskussion ja auch herbeigeführt worden und wir verdanken dem die ganz vorzüglichen, dankenswerten Darlegungen des Herrn Vorredners, die gewiß der Berücksichtigung nicht entbehren werden.

Zunächst möchte ich bemerken, daß wir die von uns vorgesehenen Bestimmungen für einfacher als die des Invalidenversicherungsgesetzes hielten. Wenn wir an eine andere Regelung herantreten, so müssen wir zunächst darauf sehen, daß die Leistungen der in Betracht kommenden Kassen gleichwertig sind, in der Summe natürlich. Wir müssen ferner darauf Wert legen, daß das Deckungskapital im Versicherungsfalle der Anstalt überwiesen wird. (Zuruf: Prämienreserve!) Nun kommt der wichtigste Punkt. Wir müssen eine Garantie für die Leistungsfähigkeit haben — das ist der Hauptpunkt, — und ohne Garantie für die Leistungsfähigkeit können wir von einer Zulassung von Ersatzinstituten nicht wohl reden. Nun kommt in Betracht, daß eine einzelne Fabrik, sie mag noch so gut fundiert sein, nicht für alle Zeiten als leistungsfähig angesehen werden kann. Es wird sich deshalb fragen, ob man nicht diese Leistungsfähigkeit dann als garantiert ansehen kann, wenn ein Versicherungsverband zwischen den Kassen gegründet wird; diese müssen natürlich zunächst vom Aufsichtsrat für Privatversicherung zugelassen sein. Ich glaube, daß, wenn vor allem diese drei Punkte erfüllt werden, man sich auch zu einer anderweitigen Regelung verstehen kann. Im einzelnen wird man sich über diese Frage noch näher unterhalten müssen. Wir werden natürlich zunächst die Ausführungen des Vorredners noch näher zu prüfen haben, aber ich glaube, wie gesagt, daß, wenn diese drei Gesichtspunkte festgehalten werden, wir vielleicht den Wünschen der Herren hier in höherem Grade als bisher entsprechen können.

Geheimer Oberregierungsrat Dr. **Beckmann:** In Ergänzung der Ausführungen des Herrn Geheimrats Koch möchte ich anheimstellen, ob Sie in den Vorschlägen des Herrn Referenten unter IVd statt der jedesmaligen Ueberweisung der Prämienreserve beim Stellenwechsel nicht ein einfacheres Verfahren zur Ausgleichung des Risikos einschlagen möchten. Der vom Herrn Referenten vorgeschlagene Weg führt zu österreichischen Verhältnissen. Es kommt hinzu, daß eine individuelle Prämienreserve, wie auch in den Motiven dargelegt ist, kaum festgestellt werden kann. Einen einfachen Weg bietet die folgende Regelung:

1. Ueber die Beteiligung bei einer Ersatzkasse ist beim Austritt des Angestellten der Reichsversicherungsanstalt eine Bescheinigung zu übersenden, aus der die Dauer der Beteiligung und die Gehaltsklassen ersichtlich sind, in die er während dieser Beteiligung bei Versicherung durch die Reichsversicherungsanstalt einzureihen gewesen wäre.
2. Sind durch die Reichsversicherungsanstalt Leistungen nach dem Entwurf zu gewähren, so ist der Reichsversicherungsanstalt

von der Ersatzkasse das Deckungskapital für die der Beitragszeit der Angestellten bei der Ersatzkasse und den reichsgesetzlichen Gehaltsklassen entsprechenden Leistungen zu überweisen.

3. Die satzungsmäßigen Leistungen der Ersatzkasse ermäßigen sich um die von ihr zu deckenden reichsgesetzlichen Leistungen.

4. Bleibt der Versicherte dauernd bei der Ersatzkasse, so werden seine Ansprüche von der Kasse festgesetzt und ausgezahlt, die Reichsversicherungsanstalt kommt dann nicht in Frage.

Durch diese Regelung beseitigen Sie die Ueberführung der Prämienreserve, die ja in jedem Falle des Stellenwechsels eintreten müßte, und beschränken die Abführung von Kapitalien nur auf die Versicherungsfälle, bei denen alle Faktoren gegeben sind, eine genaue Feststellung des Kapitalbetrages zu bewirken. Das Verfahren bietet überdies erhebliche geschäftliche Erleichterungen und spart an Verwaltungskosten für den Fall der Zulassung von Ersatzkassen.

Professor **Moldenhauer:** Ich glaube, wir haben die Ausführungen des Herrn Geheimrat Koch im allgemeinen mit großer Freude angehört; denn es war in den Kreisen der Industrie eine außerordentliche Beunruhigung wegen ihrer Pensionskassen entstanden. Ich glaube, die Vorschläge des Herrn Geheimrat Koch bilden einen Weg für die Verständigung und zeigen ein Mittel an, wie die Pensionskassen erhalten werden können. Nur in einem konnte ich ihm nicht ganz folgen, in der Frage des Rückversicherungsverbandes. Zunächst ist doch zu berücksichtigen, daß die Kassen vom Aufsichtsrat geprüft worden sind. Wenn nun wirklich eine Fabrik eingehen würde, dann bestände doch immer, da ja die Prämien-Reserven vorhanden sein müssen, die Möglichkeit, daß diese betreffende Kasse nunmehr ihr Kapital der Reichsanstalt überweist und die Versicherungen auf die Reichsanstalt übergehen. Wenn die Knappschaftsvereine einen Rückversicherungsverband gegründet haben, so liegt das daran, daß für einen Knappschaftsverein in dem Fall, daß die betreffende Zeche nicht mehr leistungsfähig war, eben keine Staatsanstalt eintreten konnte, weil eine solche nicht bestand. Man mußte also nach einem anderen Mittel suchen und fand dies im Rückversicherungsverband. Dazu kommt, daß für die Knappschaftsvereine die Verhältnisse ziemlich gleichartig liegen, während die Pensionsanstalten ja außerordentlich verschieden sind, also sich schwerer zu einem Rückversicherungsverband zusammenschließen lassen. Aber das ist eine Frage, über die noch zu diskutieren sein wird. Man wird es sicherlich begrüßen, daß man die Pensionskassen erhält; denn sie sind es doch gewesen, die weit über das, was der Gesetzgeber jetzt will, schon längst eine Fürsorge geschaffen haben. Man würde alle Bestrebungen, für die Angestellten zu sorgen, im Keime ersticken, wenn man das Bestehen der Pensionskassen unmöglich machen würde.

Bergrat **Siemens**: Soweit ich gesehen habe, ist bei den Bestimmungen über die Lebensversicherung der Fall nicht berücksichtigt, daß eine Verwaltung für ihre Beamten eine Lebensversicherung nimmt, so daß sie selbst der Versichernde ist und der Beamte für sich keine Verfügung darüber hat. Dafür sind die Bestimmungen des Gesetzentwurfes nicht zureichend. Ich nehme an, daß in den weiteren Beratungen bzw. den Ausführungsbestimmungen des Bundesrats über diese Einzelheit sich wird hinwegkommen lassen. Das ist auch ein Punkt, der noch der Erörterung bedarf.

Rechtsanwalt **Meyer**: Wir haben bei der Ilseder Hütte und dem Peiner Walzwerk keine Pensionskasse, sondern eine Lebensversicherungskasse. Es ist hier vorher anerkannt, daß die Lebensversicherungskasse in vielen Fällen weit besser als die Pensionskasse sorgt, z. B. für den Fall, daß nur erwachsene Kinder hinterbleiben. Die bekommen in diesem Falle die volle Lebensversicherung, und die Summen sind in unserer Kasse für die Beamten sehr bedeutend. Wir würden es nur ungern sehen, wenn das anders gemacht würde. Aber ich weiß vorläufig keinen Ausweg, wie diese Lebensversicherungskassen nach den Bestimmungen des Gesetzes erhalten werden können. Ich würde für eine Auskunft hierüber dankbar sein.

Geheimer Oberregierungsrat Dr. **Beckmann**: Meine Herren, die Frage des Herrn Vorredners kann ohne Kenntnis der näheren Verhältnisse nicht beantwortet werden. Eins möchte ich mir gestatten, in Ergänzung meiner Ausführung zu den Ersatzkassen noch anzuführen. Es wird nicht leicht sein, bei den Kassen, die den Antrag auf Zulassung als Ersatzkassen stellen, die dauernde Leistungsfähigkeit zu gewährleisten und nachzuweisen. Sie haben den Wunsch, daß möglichst alle bestehenden Kassen zugelassen werden, sofern sie den formulierten Bedingungen genügen. Es dürfte sich deshalb empfehlen, rechtzeitig zu überlegen, ob nicht durch Zusammenschluß der in Frage kommenden Kassen zu einem Rückversicherungsverbande die Gewährleistung der reichsgesetzlichen Leistungen herbeigeführt werden kann, und ich darf mir gestatten, auf den von den Knappschaftsvereinen gebildeten Rückversicherungsverband als Vorbild hinzuweisen. Ein Rückversicherungsverband würde jedenfalls dem Bundesrat die Prüfung der Frage nach der Sicherstellung der Leistungen in reichsgesetzlicher Höhe sehr erleichtern.

Vorsitzender: Wenn heute unter uns der Geheime Kommerzienrat Kirdorf aus Gelsenkirchen wäre, dann würde er wahrscheinlich darauf aufmerksam machen, daß eine große Anzahl von Gemeinden in bezug auf ihre Leistungsfähigkeit vollkommen abhängig sind von dem Prosperieren einer ganz bestimmten Industrie (sehr richtig!), auf die sie gegründet sind. Wenn man einen solchen Pessimismus, wie er angedeutet ist, den großen Werken gegenüber zum Leitmotiv nehmen wollte, dann würde man dahin kommen müssen, ganz konsequenter Weise, daß man einer unendlichen Menge von Gemeinde-Obligationen heutzutage die pupillarische Sicherheit sofort aberkennen würde. Die ganzen Gemeinden im rheinisch-westfälischen Industrierevier, auch die Großstadt Essen, sind in bezug auf ihre pupillarische Sicherheit allein fundiert auf das Gedeihen der Industrie, und ich möchte das Deutsche Reich sehen, dem gegenüber es noch möglich wäre, Kredit zu geben, wenn unsere Industrie wirklich nicht in der Lage wäre, die ihr heute obliegenden Leistungen zu zahlen. Ich meine, auch von diesem Gesichtspunkte aus müßte man doch auch im Reichsamt des Innern die Dinge auffassen. Von diesem Gesichtspunkte müssen die Konsequenzen erwogen werden, wie sie Anregungen der von Herrn Geheimrat Beckmann gemachten Art für unser ganzes Wirtschaftsleben haben müßten; ein Ende der Sache ist gar nicht abzusehen. Ich gebe zu, daß es in Berlin eine große Menge von Fabriken geben mag, bei denen man in dieser Richtung skeptisch sein muß, bei denen in bezug auf die Zahl der Arbeiter und Angestellten gewisse Kautelen geboten werden müssen. Aber nun deswegen die gesamte deutsche Industrie mit einem solchen Rückversicherungs-Verbande beglücken zu wollen, das scheint mir doch sehr weit zu gehen. (Sehr richtig!) Ich würde es vielleicht, um diesen Gedanken abzuschließen, für berechtigt erachten, wenn man, sagen wir einmal dem Bundesrat, unter ganz bestimmten Voraussetzungen die Befugnis zugesteht, einen Rückversicherungsverband für beschränkte Gebiete zu bilden. (Sehr gefährlich!) — Ich sehe ein, daß das eine gefährliche Maßnahme sein könnte, aber so wäre es vielleicht noch zu machen. Das bleibt bestehen: Man muß doch sagen, unser ganzes deutsches wirtschaftliches Leben beruht heute auf der Prosperität der Industrie. Was würde aus unserer Flotte und damit aus unserem Handel, wenn wir die Prosperität der Industrie nicht hätten?

Dr. **Bonikowsky:** Die von einzelnen der Herren Vorredner gewünschte individuelle Behandlung der einzelnen Fabrikkassen bezüglich ihrer Sicherheit ist speziell auch für die Werks-Pensions-Kassen in Oberschlesien ein dringendes Erfordernis. Ich habe schon angeführt, ein wie großer Prozentsatz der Angestellten in Oberschlesien in Werks-Pensions-Kassen versichert ist. Diese Kassen gewähren ihren Mitgliedern schon an Pensions- und Reliktenbezügen weit mehr als die Reichspensionskasse leisten könnte, dank der gewaltigen Zuschüsse, die die Werksbesitzer zu den Kassen, sei es durch einmalige, sei es durch laufende Beiträge, leisten. Daneben erhalten die Angestellten aus diesen Kassen auch noch sehr erhebliche anderweite Unterstützungen in Krankheits- und ähnlichen Fällen. Es wäre daher für die Angestellten selbst eine außerordentlich schwere Benachteiligung, wenn die Werkspensionskassen nicht in vollem Umfange, wie bisher, bestehen bleiben könnten. (Sehr richtig!) Das würde aber in vielen Fällen nicht mehr der Fall sein können, wenn man an die Werkspensionskassen generell so scharfe Anforderungen stellen würde, wie es der Herr Vertreter der Reichsregierung mitgeteilt hat, da diese Kassen, speziell diejenigen in Oberschlesien, vielfach auf anderer Grundlage, als die reinen Versicherungsinstitute aufgebaut sind und den strengen, rein versicherungstechnischen Bedingungen, den diese Institute unterworfen sind, zu einem erheblichen Teile nicht genügen würden.

Vorsitzender: Ich frage, ob der Referent noch das Schlußwort wünscht.

Justizrat **Wandel** (Schlußwort): Ich möchte nur auch noch meinerseits meine Freude über die wohlwollenden Erklärungen der Regierungsvertreter aussprechen und bemerken, daß eine befriedigende Lösung dieser Werkpensionskassenfrage dazu beitragen würde, die Industrie mit diesem Gesetzentwurf in großem Umfange auszusöhnen.

Zu den Leitsätzen habe ich keine Bemerkung zu machen. Ich möchte nur noch vorschlagen, daß, wenn diese Ideen sich einmal verdichten werden, dann erst eine Anhörung oder Besprechung mit den Vertretungen der beteiligten Kassen stattfindet.

Vorsitzender: An diese Bemerkung des Herrn Justizrat Wandel möchte ich anknüpfen, ich möchte, daß wir heute nicht zu den Leitsätzen Stellung nehmen, zumal ja die anderen Herren Referenten nicht in der Lage waren, Leitsätze vorzuschlagen. Ich glaube, wir müssen uns heute darauf beschränken, im großen und ganzen den Grundsätzen, die in den Ausführungen der Herren, die zum Wort gekommen waren, enthalten waren, unsere Zustimmung zu geben und weiter noch Akt zu nehmen von den wohlwollenden Erklärungen der Herren von der Regierung, denen auch ich als Vorsitzender noch den Dank der Versammlung aussprechen möchte, indem ich die Hoffnung hinzufüge, daß wir auf annehmbarer Basis zu einer Einigung kommen. Diese Einigung aber wird in den Anregungen des Herrn Referenten im Schlußwort zu suchen sein, auf dem Wege, daß zu gegebener Zeit, vielleicht durch Vermittelung des Centralverbandes, den Herren Vertretern der Kassen Gelegenheit gegeben wird zu einer Besprechung mit den Herren von der Regierung. Sind die Herren damit einverstanden? (Zustimmung.) Das ist der Fall.

Dann kommen wir zu dem Abschnitt über sonstige Vorschriften. Ich gebe das Wort Herrn Generalsekretär Ditges-Berlin.

Behörden, Rechtshilfe, Fristen usw.

Generalsekretär **Ditges**-Berlin: Meine sehr geehrten Herren! Da ich mit dem Grundgedanken, von dem das Gesetz ausgeht, mit der Errichtung einer eigenen Reichsversicherungsanstalt für Angestellte mich nicht einverstanden erklären kann, so müßte ich bei meinem Bericht prinzipiell auch die einzelnen Teile des Gesetzes und darunter den mir zur Berichterstattung überwiesenen Abschnitt 8 folgerichtig überhaupt verwerfen. Ich betrachte es aber als meine Aufgabe, die einzelnen Paragraphen innerhalb des Rahmens des vorliegenden Entwurfes zu kritisieren.

Die Vorschriften des achten Abschnittes betreffen:

1. Behörden.
2. Rechtshilfe.
3. Fristen.
4. Zustellungen.
5. Gebühren und Stempel.
6. Verbote und Strafen.
7. Ausländische Gesetzgebung.

Sie entsprechen in der Hauptsache den Bestimmungen der bestehenden Versicherungsgesetze, des Entwurfs der Reichsversicherungsordnung, des Bürgerlichen Gesetzbuches und der Zivilprozeßordnung, und zwar zum großen Teile wörtlich. Soweit die ersten fünf Teile in Betracht kommen, bieten sie zu Bemerkungen kaum Anlaß. Daß sie hin und wieder vom Wortlaute, den der Entwurf der Reichsversicherungsordnung gewählt hat, abweichen, ist dort, wo die Voraussetzungen der beiden Gesetze verschiedene sind, selbstverständlich. Zuweilen aber finden sich auch kleine Verschiedenheiten des Textes, ohne daß der vorerwähnte Grund vorläge. Diese Abweichungen ließen sich vielleicht noch beseitigen. Doch dies ist nur eine äußerliche und nebensächliche Frage!

Anders verhält es sich mit dem Abschnitt 6, der in 22 Paragraphen Verbote und Strafen von Zuwiderhandlungen gegen die Bestimmungen des Gesetzes enthält. Die Tatsache, daß das Reichsstrafgesetzbuch nur den geringeren Teil der überhaupt bestehenden Strafvorschriften enthält, tritt immer mehr und mehr hervor. Leider sind alle die neuen Strafvorschriften stets gegen den Arbeitgeber gerichtet. Es spricht aus den §§ 338—345 unseres Entwurfs, die genau den entsprechenden Vorschriften der Reichsversicherungsordnung nachgebildet sind, wiederum ein derartiges Mißtrauen gegen den deutschen Arbeitgeber, den in sozialer Beziehung vorgeschrittensten Arbeitgeber der Welt, daß die andauernden Angriffe, die gegen ihn in sozialdemokratischen und verwandten Blättern gerichtet werden, eigentlich noch als milde erscheinen müssen. Die §§ 338—345 enthalten vielleicht das einzige Recht, das dem Arbeitgeber außer dem Recht zu zahlen im Entwurf des Privatangestellten-Versicherungsgesetzes eingeräumt wird: das Recht auf Strafe.

Dazu kommt noch, daß in manchen Fällen als Voraussetzung der Bestrafung Vorsatz des Arbeitgebers bei der Uebertretung der Bestimmungen des Entwurfes gar nicht vorzuliegen braucht, so z. B. im Falle des § 338, welcher lautet:

> „Nehmen Arbeitgeber in die Nachweise oder Anzeigen, die sie nach den Vorschriften des Gesetzes oder den Bestimmungen der Reichsversicherungsanstalt aufzustellen haben, Eintragungen auf, deren Unrichtigkeit sie kannten oder den Umständen nach kennen mußten, oder unterlassen sie die vorgeschriebenen Eintragungen ganz oder teilweise, so kann die Reichsversicherungsanstalt Geldstrafe bis zu 500 M. gegen sie verhängen.“

Bei der Aufnahme unrichtiger Eintragungen in die Nachweise ist demnach Vorsatz oder Verschulden Voraussetzung der Strafbarkeit, für ganze oder teilweise Unterlassung der vorgeschriebenen Eintragungen dagegen nicht. Diese durchaus ungerechtfertigte Unterscheidung der beiden „Delikte“ entbehrt jeder Begründung und dürfte zu beseitigen sein.

Strafvorschriften gegen die Angestellten finden wir überhaupt nicht, höchstens unter den allgemeinen Strafandrohungen gegen Fälschung oder Benutzung verfälschter Karten und Marken, Bruch des Amtsgeheimnisses u. dgl. Der Prinzipal muß, teilweise bei Androhung hoher Strafen, alles selbst tun: er muß zahlen, kleben, an- und abmelden usw. Es ist nicht recht ersichtlich, warum der Arbeitgeber allein die strafrechtlichen Folgen der Versäumnis seiner Pflichten gegenüber seinen Angestellten tragen soll, während der Angestellte selbst, dessen Sicherung gegen die Zufälligkeiten des Lebens der Angelpunkt des Gesetzes ist, nirgends durch Strafandrohung zur Erfüllung der ihm obliegenden, allerdings nur geringen Pflichten angehalten wird.

Sehr eigentümlich ist auch der § 351, der Beamte, „die der Dienstgewalt einer staatlichen oder gemeindlichen Behörde unterstehen", von den Strafvorschriften der §§ 347—350 ausnehmen will, der jedoch so klingt, als ob die Schweigepflicht für die Beamten überhaupt nicht bestehen sollte. Gerade die Beamten bei den Versicherungsbehörden gewinnen vielfach den tiefsten Einblick in die Verhältnisse der Arbeitgeber und der versicherten Angestellten und kommen am ersten in die Lage, hiermit Mißbrauch zu treiben. Nun sagt allerdings die Begründung zur Reichsversicherungsordnung Seite 73, der dieser Paragraph entnommen ist:

„Da die Beamten der Versicherungsbehörden teils Mitglieder, teils Angestellte dieser Behörden sind, für sie aber jede Schweigepflicht bereits nach anderen Gesetzen besteht, so müssen sie durch § 157 von diesen besonderen Vorschriften ausgenommen werden."

Nach dem Wortlaut des § 157 der Reichsversicherungsordnung bzw. des § 351 des Angestellten-Versicherungsgesetzes könnte es, wie schon erwähnt, so scheinen, als ob die Schweigepflicht für den betreffenden Beamten überhaupt aufgehoben werden sollte. Ich möchte deshalb vorschlagen, den Paragraphen etwa so zu fassen, daß die in den bundesstaatlichen Gesetzen vorhandenen Bestimmungen über die Schweigepflicht der Beamten des Staates und der Gemeinden auch auf das Privatbeamten-Versicherungsgesetz Anwendung finden sollen.

Die Feststellung des Wortlautes überlasse ich den Herren Gesetzgebern von Beruf und Neigung.

Zuletzt noch einige Worte zum § 344, der folgendermaßen lautet:

„Den Arbeitgebern und ihren Angestellten, sowie der Reichsversicherungsanstalt ist untersagt, die Versicherten in der Uebernahme oder Ausübung eines Ehrenamtes der Angestelltenversicherung zu beschränken oder durch Uebereinkunft oder Arbeitsordnung zum Nachteil der Versicherten die Anwendung der Vorschriften dieses Gesetzes ganz oder teilweise auszuschließen. Vertragsbestimmungen, die dem zuwiderlaufen, sind nichtig."

Es ist ja ohne weiteres klar, daß ohne eine solche Bestimmung die Durchführung des Gesetzes unmöglich sein würde. Es ist aber hierzu zu erwägen, daß durch den Entwurf für rund 12 000 Arbeitgeber und Angestellte Ehrenstellen neu geschaffen werden. Rechnet man hiervon die Hälfte auf die Angestellten, so wird man anerkennen müssen, daß diese Bestimmung dem Arbeitgeber eine ganz kolossale Belastung bringt. Auch darf man sich nicht verhehlen, in wie weitgehendem Maße dieser Paragraph den Angestellten Gelegenheit geben wird, sich, wenn sie es wollen, von ihren Berufsgeschäften unter dem Vorwande der Ausübung von ehrenamtlichen Verpflichtungen innerhalb der der Angestelltenversicherung zu drücken. Sollte man nicht auch angesichts dieser Vorschrift die größte Vereinfachung des Verwaltungsapparates der Angestelltenversicherung für dringend geboten erachten? Daß ich persönlich den Weg hierzu in der Angliederung an die Arbeiterversicherung erblicke, habe ich schon mehrfach auszuführen die Ehre gehabt.

Vorsitzender: Ich eröffne die Diskussion über diesen Abschnitt. Es meldet sich niemand zum Wort. Dann schließe ich die Diskussion. Ich darf annehmen, daß die Herren alle den Ausführungen des Herrn Referenten beitreten.

Nun, meine Herren, wären wir am Ende unserer Verhandlung. Herr Dr. Beumer wird das Wort nehmen, um einen Beschlußantrag zu verlesen, den er gemeinsam mit Herrn Direktor Meesmann einzubringen die Absicht hat.

Dr. **Beumer:** Ich glaube, daß ich in diesem Beschlußantrag, den ich Ihrer Genehmigung unterbreiten möchte, im wesentlichen die Eindrücke wiedergebe, die die Diskussion ergeben hat. (Verliest.)

Beschlußantrag.

Die Kommission des Centralverbandes Deutscher Industrieller ist nach eingehender Erörterung des Entwurfs eines Versicherungsgesetzes für Angestellte zu der Ueberzeugung gekommen, daß dieser Entwurf in bezug auf den zur Durchführung der Versicherung eingeschlagenen Weg wie in bezug auf wichtige Einzelheiten schweren Bedenken unterliegt. Vor allem bedauert sie, daß es nicht gelungen ist, die Lösung auf dem Wege eines weiteren Ausbaues der Invalidenversicherung zu finden. Alle diese Bedenken, die in einer kurzen Denkschrift dargelegt werden sollen, lassen eine Ueberstürzung in der Verabschiedung dieses Gesetzentwurfs als eine so große Gefahr für die gesamte deutsche Volkswirtschaft erscheinen, daß die Kommission des Centralverbandes Deutscher Industrieller auf das Ernsteste vor jeder, etwa aus politischen Erwägungen stattfindenden Uebereilung warnen muß und weitere Erhebungen ebenso wie eine gründliche Beratung für unumgänglich notwendig erklärt.

Vorsitzender: Ich eröffne die Diskussion über diesen Antrag. Es meldet sich niemand zum Wort. Dann darf ich annehmen, daß die Herren mit den Ausführungen, die in ihm niedergelegt sind, einverstanden sind, und zwar, ich stelle das fest — einstimmig. Er wird dann der Eingabe, die zu entwerfen ist, zugrunde gelegt werden.

Nun, meine Herren, möchte ich, bevor ich schließe, den sämtlichen heute hier erschienenen Herren als Vorsitzender des Centralverbandes den verbindlichsten Dank aussprechen für die große Geduld und Aufmerksamkeit, das rege Interesse, mit dem Sie den ja allerdings außerordentlich interessanten und hochwichtigen Ausführungen gefolgt sind. Ich möchte in diesem Zusammenhange ganz besonders aussprechen den Dank dafür, daß die Herren Vertreter der Reichsregierung, Herr Geheimrat Koch und Herr Geheimrat Dr. Beckmann, in so ausgiebiger Weise an unserer Debatte teilgenommen und mit solcher Geduld allen Fragen, allen Einwendungen gegenüber ihre Erklärungen abgegeben haben. (Beifall.) Ich spreche die Hoffnung aus, daß auf diesem Wege in bezug auf dieses Gesetz doch noch Ersprießliches in Gemeinsamkeit mit dem Reichsamt des Innern wird geleistet werden können, und ich hoffe, daß auch bei anderen Gesetzen wir in die Lage kommen werden, uns in dieser Weise mit den Herren der Reichsregierung über die Dinge unterhalten zu können. Ich nehme an, daß diese hochbedeutende Frage, die uns heute beschäftigt hat, für uns mit der heutigen Besprechung nicht erledigt sein wird, auch nicht erledigt sein wird mit der Eingabe, die nun an Hand dessen, was heute erörtert worden ist, in großen Zügen wiedergeben soll, was an Bedenken zutage getreten ist. Ich glaube, es wird sich nicht umgehen lassen, daß wir die ganze Frage noch einmal in einer Ausschußsitzung oder Delegiertenversammlung des Centralverbandes, unter Zuziehung der uns befreundeten anderen Verbände zur Erörterung stellen müssen. Wann dieser Zeitpunkt eintreten wird, kann ich heute noch nicht sagen.

Und nun, meine Herren, schließe ich unter nochmaliger Wiederholung des Dankes an die Herren die Sitzung.

Schluß $8^1/_2$ Uhr.

Eingabe.

Zum Entwurf eines Versicherungsgesetzes für Angestellte.

An den **Hohen Bundesrat**, Berlin.

Die Kommission des Centralverbandes Deutscher Industrieller hat zu dem Entwurf eines Versicherungsgesetzes für Angestellte in einer Sitzung am 4. März 1911, an welcher auch zwei Vertreter des Reichsamtes des Innern teilnahmen, folgende Erklärung einstimmig angenommen:

„Die Kommission des Centralverbandes Deutscher Industrieller ist nach eingehender Erörterung des Entwurfs eines Versicherungsgesetzes für Angestellte zu der Ueberzeugung gekommen, daß dieser Entwurf in bezug auf den zur Durchführung der Versicherung eingeschlagenen Weg sowie in bezug auf wichtige Einzelheiten schweren Bedenken unterliegt. Sie bedauert vor allen Dingen, daß es nicht gelungen ist, die Lösung auf dem Wege eines weiteren Ausbaues der Invalidenversicherung zu finden. Alle diese Bedenken, die in einer kurzen Denkschrift dargelegt werden sollen, lassen eine Ueberstürzung in der Verabschiedung dieses Gesetzentwurfs als eine so große Gefahr für die gesamte deutsche Volkswirtschaft erscheinen, daß die Kommission des Centralverbandes aufs ernsteste vor jeder, etwa aus politischen Erwägungen stattfindenden Uebereilung warnen muß und weitere Erhebungen ebenso wie eine gründliche Beratung für unumgänglich notwendig erklärt."

Zur Begründung dieser Erklärung gestatten wir uns folgende Ausführungen zu machen.

Zunächst müssen wir es als dankenswert bezeichnen, daß der Entwurf eines Versicherungsgesetzes für Privatangestellte schon vor seiner Vorlage an den Bundesrat der öffentlichen Kritik unterbreitet worden ist. Noch zweckmäßiger wäre es gewesen, wenn schon bei der Ausarbeitung des Gesetzentwurfs eine ausreichende Anhörung der beteiligten Kreise stattgefunden hätte. Nach einer Seite hin, nämlich bezüglich der Angestellten, ist dies geschehen. Aus der Denkschrift zur Vorlage geht auch deutlich hervor, daß diese Heranziehung von Vertretern der Angestellten bei der Ausarbeitung des Entwurfs nicht nur von Einfluß, sondern geradezu von entscheidender Bedeutung gewesen ist. An verschiedenen Stellen der Denkschrift wird unmittelbar auf die Wünsche des sogenannten Hauptausschusses der Angestellten-Verbände als maßgebend hingewiesen, und durch die Aufnahme der dem Ausschusse angehörenden Personen und der hinter ihm stehenden Vereine in die Denkschrift ist dessen Mitwirkung zu einer geradezu offiziellen gestempelt. So sehr es, wie oben bemerkt, zu begrüßen wäre, wenn schon in den Vorstadien der Gesetzgebung die Beteiligten zur Begutachtung herangezogen werden, so scharf müssen wir es mißbilligen, wenn dies, wie hier, in einer völlig einseitigen Weise geschehen ist.

Um so mehr glauben wir die bestimmte Erwartung aussprechen zu dürfen, daß die Beratung des Entwurfs durch die gesetzgebenden Faktoren nicht überstürzt, sondern daß zu einer gründlichen Erörterung aller sachverständigen und beteiligten Kreise genügend Zeit gewährt wird. Völlig verfehlt wäre es unseres Erachtens, etwa aus politischen Erwägungen eine eilige Behandlung der Angelegenheit zu betreiben, denn nur aus einem wohlüberlegten und von der Zustimmung der Mehrheit der Beteiligten getragenen Gesetz kann ein Segen auch vom politischen Standpunkte aus erwachsen; aus einem übereilten Gesetz aber und den aus ihm naturgemäß folgenden Enttäuschungen müssen politisch schwere Schäden erwachsen. Solche Enttäuschungen würden aber, wenn ein Gesetz, das dem vorliegenden entspricht, zustande käme, nicht ausbleiben können.

Die politische Seite der Frage darf übrigens nicht überschätzt werden. Diejenigen Angestelltenkreise, die auf nationalem Boden stehen, und das ist sicher die überwiegende Mehrheit, werden sich nicht dadurch, daß für die Beratung eines des wichtigsten, ihre Interessen berührenden Gesetzentwurfs ein der Wichtigkeit entsprechender Zeitraum vorbehalten bleibt, in ihrer nationalen Gesinnung irre machen lassen. Andererseits hat sich aus der Geschichte ergeben, daß die Versicherungsgesetzgebung für sich nicht imstande ist, eine politische Entwickelung aufzuhalten oder nur merkbar zu beeinflussen.

Eine eingehende Erörterung der Materie ist notwendig wegen der grundsätzlichen Bedeutung der ganzen Frage und wegen der mit ihrer Lösung im einzelnen verbundenen großen Schwierigkeiten.

Die grundsätzliche Seite der Angestelltenversicherung.

Die Forderung der Angestelltenversicherung wird vielfach mit dem Hinweis darauf begründet, daß es sich darum handele, einem in der Versicherungsgesetzgebung bisher vernachlässigten Stand die ihm gebührende Berücksichtigung endlich zuteil werden zu lassen. Dieser Annahme muß entschieden widersprochen werden. Die Reichsversicherungsgesetzgebung hatte von Anfang an den Zweck und behielt ihn bei allen späteren Reformen bei, nur denjenigen Kreisen der unselbständig arbeitenden Bevölkerung einen Schutz vor den Notlagen des Lebens zu gewähren, die lediglich das zur Deckung ihrer unmittelbaren Lebensbedürfnisse Notwendige verdienen und deshalb für Fälle der Krankheit, des Unfalls oder der Invalidität nicht selbst Vorsorge treffen können. Man hat deshalb den Kreis der zwangsweise Versicherten bei der Invalidenversicherung auf Personen mit einem Höchsteinkommen von 2000 M. begrenzt, in diesen Personenkreis aber ebensowohl die Privatangestellten wie die Arbeiter aufgenommen. Man hat auch bei den verschiedenen Reformen der sozialen Versicherung bisher unverändert an dieser grundsätzlichen Auffassung festgehalten. Will man dies auch für die Zukunft tun, so könnte es sich nur fragen, ob die Grenze von 2000 M. dem heutigen Geldwert und den heutigen Lebensverhältnissen noch entspricht oder ob eine Erhöhung der Grenze angebracht erscheint. In diesem Falle würden selbstverständlich von der Ausdehnung der Versicherung ebensowohl die höher gelohnten Arbeiter wie die Privatangestellten erfaßt werden müssen. Dies ist der Weg, der nach Ansicht vieler Kreise der Wissenschaft und der Industrie beschritten werden sollte.

Stellt man sich aber auf einen grundsätzlich anderen Standpunkt, nämlich den, für die Privatangestellten eine besondere, weit über den Rahmen der bisherigen Reichsversicherung hinausgehende Fürsorge zu schaffen, so ergeben sich verschiedene gewichtige Bedenken.

1. Wie kann man eine so weitgehende Fürsorge für die Privatangestellten einerseits gegenüber den selbständigen Angehörigen der gewerblichen und freien Berufe, andererseits gegenüber den Arbeitern rechtfertigen?

Wenn auch von jedem Reichszuschuß, also von einem Zuschuß aus allgemeinen Mitteln abgesehen wird, so liegt doch eine einseitige Bevorzugung in dem Zwange gegen die Arbeitgeber, die Hälfte der Beiträge für ihre Angestellten zu leisten. Nach dem Entwurf würden diese Leistungen etwa das Drei- bis Zehnfache gegenüber den Leistungen für die allgemeine Invalidenversicherung ausmachen. Den selbständig tätigen Personen gegenüber aber drängt sich die Erwägung auf, daß diese in ihrer großen Mehrzahl ein Einkommen haben, das sich weit unter demjenigen großer Privatangestelltenkreise, die von der Versicherung nach dem Entwurf erfaßt werden sollen, hält. Diese werden es, insbesondere soweit sie nicht über eigenes Kapital verfügen, sondern lediglich von ihrer körperlichen oder geistigen Arbeit leben, als eine soziale Unbilligkeit empfinden, wenn man verhältnißmäßig gut situierten Privatangestellten durch die zwangsweise Heranziehung der Arbeitgeber eine Fürsorge zuwendet, deren sie selbst entbehren müssen. Sie werden um so mehr hierin eine Unbilligkeit erblicken, als sie selbst in erheblichem Maße als Arbeitgeber für ihre Angestellten Beiträge zahlen müssen und dadurch in ihren Existenzbedingungen noch beeinträchtigt werden.

Diese soziale Ungerechtigkeit könnte nur vermieden werden, indem man entweder die über die allgemeine Invalidenversicherung hinausgehende Fürsorge der freiwilligen Betätigung wie seither überläßt, oder indem man die Fürsorge des Staates auf alle Staatsangehörigen ohne Unterschied ihrer Stellung ausdehnt, also zu einer allgemeinen Staatsbürgerversicherung übergeht.

2. Wie wird eine Versicherung der Privatangestellten nach den Vorschlägen des Gesetzentwurfs auf die gesamte Volkswohlfahrt wirken?

Die wertvollsten Kräfte der menschlichen Natur werden geweckt und entwickelt durch das Streben nach Selbstbetätigung und nach Selbsthilfe. Diesem Streben verdanken wir auch die großen freiwilligen Institutionen auf sozialem und wirtschaftlichem Gebiet, Fürsorgeeinrichtungen aller Art, wie Kranken- und Sterbekassen, Versicherungsvereine und Versicherungsgesellschaften. Durch das Streben, für sich selbst zu sorgen, wird auch der Sparsinn, eine der wichtigsten Grundlagen für die Entwickelung unserer Volkswirtschaft, gefördert. Geht daher die staatliche Zwangsfürsorge über die Grenzen des unbedingt Notwendigen hinaus, so kann es nicht ausbleiben, daß das Streben nach Selbsthilfe und freier Spartätigkeit notleidet.

Aber noch in einer anderen Richtung ergeben sich vom Standpunkte der Volkswohlfahrt große Bedenken. Es ist bekannt, daß schon die gegenwärtige Sozialversicherung schwer unter dem Simulantentum leidet, ja diese Erscheinung hat sich vielfach zu einem Krebsschaden unserer sozialen Fürsorge entwickelt, dessen wirksame Bekämpfung den Versicherungsträgern nur schwer möglich ist. Auch hervorragende ärztliche Autoritäten haben bereits ihre warnende Stimme gegen die

Ueberhandnahme dieses Uebels erhoben. Bei einer besonderen Versicherung der Privatangestellten ist die Gefahr einer Ausbeutung durch Simulation naturgemäß noch viel größer. Erstens stehen viel höhere Entschädigungen in Aussicht und ferner ist bei vorwiegend geistig tätigen Personen die Feststellung der Simulation außerordentlich schwer. Wie soll beispielsweise ein Rentenfeststellungsorgan, selbst unter Zuziehung hervorragender Aerzte, ein sicheres Urteil darüber gewinnen, ob ein mit der Erfindung von Mustern für Kleiderstoffe betrauter Angestellter noch in der Lage ist, seinen Beruf zu erfüllen? Aehnlich steht es mit vielen anderen Angestellten, deren Tätigkeit hauptsächlich auf ihrer Phantasie und auf ihrem Darstellungsvermögen beruht. In derartigen Fällen ist die Invalidität objektiv überhaupt nicht festzustellen und die Beschlußfassung daher auf die Angaben des Versicherten selbst angewiesen. Aber auch bei den meisten anderen Privatangestellten liegen ähnliche Verhältnisse vor. Die Gefahr der Simulation ist daher bei einer Zwangsversicherung höher bezahlter Privatangestellter außerordentlich groß.

3. Wie wird die Fürsorge der Privatangestellten auf deren Lage selbst wirken?

Die außerordentlich hohen Beiträge, die nach der Vorlage die Versicherten zu zahlen haben werden, werden es der Mehrzahl derselben kaum noch ermöglichen, eigne Ersparnisse zu machen. Sie werden also vollständig oder wenigstens zum Teil verhindert, Sparkapitalien anzusammeln für Zwecke, die ihren besonderen Bedürfnissen mehr entsprechen als die Leistungen der staatlichen Zwangsversicherung. Insbesondere wird es ihnen erschwert, ein Kapital anzusammeln, um sich eine selbständige Existenz zu gründen. Dieser Gesichtspunkt wiegt um so schwerer, als das Streben nach Selbständigkeit ein außerordentlich gesundes Element unserer Volkswirtschaft bildet und die moderne Entwickelung an und für sich auch, wie die zunehmende Zahl der selbständigen Erwerbstätigen beweist, dieser Entwickelung keineswegs so abhold ist, wie dies oft angenommen wird. Die staatliche Versicherung bietet dem Angestellten nur eine Rente, niemals ein Kapital, und die vielfach sehr hohen eingezahlten Beträge — es handelt sich um Summen, die einschließlich einer normalen Verzinsung für einen einzelnen Versicherten bis zu 20- und 25 000 M. anwachsen — sind in vielen Fällen gänzlich für ihn verloren.

Aber auch die Folgen in bezug auf die Anstellung, die Gehaltsbemessung und die Entlassung der Privatangestellten können für diese sehr nachteilige sein. Die hohe Belastung der Arbeitgeber mit Beiträgen kann leicht dazu führen, die Anstellung weiblicher Arbeitskräfte noch weiterhin erheblich zu fördern, die, wenngleich sie ebenfalls der Versicherung unterliegen, doch nicht die gleichen Gehaltsaufwendungen verursachen, schon weil sie meist jünger sind und nach kürzerer Zeit aus der Berufstätigkeit ausscheiden. Ferner wird die Belastung in vielen Fällen eine verstärkte Heranziehung minder gut vorgebildeter Arbeitskräfte zur Folge haben und dadurch das Abkommen der besser vorgebildeten schädigen können. Weiterhin wird die Höhe der Beiträge vielfach einen Druck auf die Gehälter der Angestellten ausüben und das Fortschreiten im Gehalt hemmen. Endlich wird auch das Bestehen der Versicherung in vielen Fällen dazu beitragen, daß Unternehmer, die selbst in schlechten Einkommensverhältnissen sich befinden, sich leichter dazu entschließen, ältere Beamte unter Hinweis auf die staatliche Fürsorge aus ihrem Dienst zu entlassen, während sie sich sonst moralisch für verpflichtet halten würden, diese Beamten trotz ihres gestiegenen Gehalts und ihrer abnehmenden Leistungsfähigkeit zu behalten.

4. Wie ist der Stand der Privatangestellten von demjenigen der Arbeiter in der Praxis abzugrenzen?

Die Privatangestellten bilden einen keineswegs einheitlichen Kreis von Personen. Im Gegenteil gehören sie nach ihrer sozialen Stellung und ihren Einkommensverhältnissen den verschiedenartigsten Bevölkerungsschichten an. Es sei erinnert an die Chefs großer Aktiengesellschaften, die Prokuristen und Chefingenieure kaufmännischer und technischer Betriebe, die Handlungsgehilfen und Lehrlinge der Ladengeschäfte, die Werkmeister, Verkäufer und Verkäuferinnen und die Bureaubeamten aller Art. Viele Personen gehören abwechselnd dem Stande der Privatangestellten und dem der Arbeiter an, z. B. Verkäuferinnen und Näherinnen, Werkmeister und Monteure, Hotelbedienstete und Gastwirtsgehilfen u. a. m. Je nach der Zugehörigkeit zu der einen oder anderen Kategorie von Versicherten unterliegt die betreffende Person einmal der Privatangestelltenversicherung, das andere Mal nur der allgemeinen Invalidenversicherung. Zum Teil hat auch die seitherige Sozialversicherung schon gewisse Unterscheidungen nötig gemacht; diese lassen sich aber nach ihrem Umfang und nach ihrer Bedeutung nicht mit den Entscheidungen vergleichen, die im vorliegenden Falle zu treffen wären. Die Streitfragen, die schon jetzt aus der Fassung des § 1 des Gesetzentwurfs entstanden sind, zeigen deutlich die vorhandene Unklarheit.

5. **Wird die geplante Versicherung eine ausreichende Fürsorge der Privatbeamten überhaupt zur Folge haben?**

Als eine ausreichende Fürsorge im gewöhnlichen Sinne des Wortes kann eine solche angesehen werden, die annähernd dasselbe bietet, was der Staat seinen Beamten im Falle der Invalidität oder des Todes gewährt. Hierauf richteten sich auch von Anfang an die Wünsche der Verbände der Privatangestellten. Die Regierungsdenkschrift vom Jahre 1907 hat indessen nachgewiesen, daß eine solche Fürsorge Beiträge der Arbeitgeber und Angestellten in der Gesamthöhe von etwa 19 pCt. des Gehaltes bedingen würde. Unter allen Beteiligten besteht ein Einverständnis darüber, daß es unmöglich ist, solche Beiträge aufzuerlegen. Der vorliegende Entwurf beschränkt sich daher auf Beiträge in einer Höhe zwischen 4 und 8 pCt., Sätze, die ebenfalls schon von vielen Angestellten und namentlich von vielen kleinen und mittleren Arbeitgebern als sehr drückend empfunden werden dürften. Diesen Beiträgen stehen nun Leistungen gegenüber, die aus den nebenstehenden drei Beispielen verdeutlicht werden mögen.

Ein gutgestellter Privatbeamter erhält hiernach

nach 10 Jahren etwa 11 pCt.
" 25 " " 17 "
" 50 " " 33 "

seines jeweiligen Gehalts als Ruhegeld, die Witwe und die Waisen gar nur Beträge, die meist unterhalb jedes Existenzminimums liegen. Dazu kommt eine Reihe erheblicher Beeinträchtigungen der Leistungen, von denen wir die nachfolgenden zusammenstellen.

1. Der Gesetzgeber will lediglich Rentenleistungen gewähren, während zweifellos in vielen Fällen die Rentenversicherung unwirtschaftlich und unzweckmäßig ist. Die Folge der Rentenversicherung ist zunächst, daß in vielen Fällen den Leistungen der Arbeitgeber und Versicherten keine Gegenleistung gegenübersteht, nämlich dann, wenn der Versicherte, ohne Invalide zu werden, stirbt und keine rentenberechtigten Hinterbliebenen hinterläßt. Man wird aber nicht leugnen können, daß die Kinder eines Versicherten, auch wenn sie über 18 Jahre alt sind, einen berechtigten Anspruch auf die Ersparnisse ihres Vaters besitzen und diese in den meisten Fällen sehr nötig haben, sei es zur Vollendung ihrer Ausbildung oder zur Begründung und Sicherung ihrer Existenz. Sie erhalten aber keinen Pfennig, auch wenn die gezahlten Beiträge mit Zinsen ein Kapital von 20 000 oder 25 000 M. darstellen.

Fall 1.*) Gutgestellter Privatbeamter.

Lebensjahr	Gehalt M.	Beitrag M.	nach Jahren	Ruhegeld M.	%	Witwengeld M.	Waisengeld M.
16.—18.	360	57,60	—	—	—	—	—
19.—21.	1800	345,60	—	—	—	—	—
22.—25.	2400	633,60	10	259,20	11	103,70	20,74
26.—30.	3000	996,—	—	—	—	—	—
31.—40.	4000	2400,—	25	683,70	17	273,48	54,70
41.—50.	5000	3192,—	—	—	—	—	—
51.—65.	über 5000**)	4788,—	50	1681,20	33	672,48	134,70
		zus. 12412,80					
Fall 2. Mittlerer Privatbeamter.							
16.—18.	360	57,60	—	—	—	—	—
19.—21.	1500	244,80	—	—	—	—	—
22.—25.	2000	460,80	10	190,80	9,5	76,32	15,26
26.—30.	2400	792,—	—	—	—	—	—
31.—40.	3000	1992,—	25	538,—	17,9	215,20	43,04
41.—50.	3600	2400,—	—	—	—	—	—
51.—65.	4200	4788,—	50	1436,50	34	574,60	114,92
		zus. 10735,20					
Fall 3. Kleinerer Privatbeamter.							
16.—18.	360	57,60	—	—	—	—	—
19.—21.	1200	244,80	—	—	—	—	—
22.—25	1500	326,40	10	157,20	10	62,88	12,58
26.—30.	1800	576,—	—	—	—	—	—
31.—40.	2100	1584,—	25	427,—	20	170,80	34,16
41.—50.	2400	1584,—	—	—	—	—	—
51.—65.	2700	2988,—	50	998,70	37	399,40	79,88
		zus. 7360,80					

2. Für die Erlangung der Anwartschaft auf Pension ist im Gesetzentwurf eine Wartezeit von 120 Beitragsmonaten (bezüglich der Witwen- und Waisenrenten während der ersten 10 Jahre der Wirksamkeit des Gesetzes eine solche von 60 Beitragsmonaten) vorgesehen. Da Zeiten der Stellenlosigkeit, der Krankheit, des Militär-

*) Es sind zur Vereinfachung der Berechnung für kleinere Perioden Durchschnittsgehälter angenommen; die daneben stehenden Beiträge beziehen sich auf den ganzen, in der ersten Spalte angegebenen Zeitraum. Die Rentenbezüge sind die Jahresbeträge.

**) Bei freiwilliger Fortsetzung der Versicherung.

dienstes nicht beitragspflichtig sind und demnach auf die Wartezeit nicht in Anrechnung kommen können, verlängert sich diese in allen Fällen, in denen jährlich weniger als 12 Monatsbeiträge gezahlt werden, auf einen längeren Zeitraum als auf 10 Jahre. Zahlt jemand z. B. in den ersten 10 Jahren nur die zur Aufrechterhaltung der Anwartschaft unbedingt nötigen 8 Monatsraten, so erlangt er die Anwartschaft auf Invalidenrente erst nach 15 Jahren, weil erst dann insgesamt 120 Monatsbeiträge gezahlt sind. Wird er innerhalb dieser 15 Jahre invalide, so erhält er keinen Pfennig Invalidenrente.

3. Das Ruhegeld ruht beim Zusammentreffen mit einer Rente aus der allgemeinen Invalidenversicherung, wenn beide zusammen den 150 fachen Durchschnittsbetrag der entrichteten Monatsbeiträge übersteigen. Bei einem Beamten, der vom 16. Jahr versichert war, und dessen Gehalt von 120 M. allmählich bis 2100 M. stieg, beträgt z. B. unter der Voraussetzung, daß die Invalidenversicherung fortgesetzt wurde, nach 50 Dienstjahren der Anspruch auf Ruhegehalt 922 M., der Anspruch auf Invalidenrente 462 M., zusammen also 1384 M. Da der 150 fache Durchschnittsbetrag der entrichteten Monatsbeiträge 825 M. beträgt, so wird demnach der Anspruch um 559 M. gekürzt, d. h. der Versicherte erhält statt des ihm von dem Gesetz in Aussicht gestellten Betrags von 1384 M. nur 825 M.

4. Die Pension soll ferner ruhen, wenn der Angestellte in der Lage ist, Gehalt oder Lohn oder Einkommen aus gewinnbringender Beschäftigung zu erwerben, sofern und soweit Pension und Arbeitsverdienst zusammen das Durchschnittsgehalt (nicht das wirkliche Gehalt) übersteigen. Durch diese Bestimmung wird zunächst der Beginn der Altersrente weit über das 65. Jahr hinausgeschoben, denn kein Angestellter wird, wenn er noch nicht absolut erwerbsunfähig ist, seine Stellung bei Erreichung des 65. Jahres freiwillig aufgeben und damit auf sein bis dahin bezogenes Einkommen verzichten, um die geringe Altersrente zu beziehen. So lange aber sein Einkommen zuzüglich der Alterspension höher ist als das Durchschnittsgehalt, bekommt er keine Altersrente. Erst wenn sein Einkommen soweit herabgesetzt wird, daß die obige Bedingung erfüllt wird, oder wenn er überhaupt nicht mehr dienstfähig ist, kommt er in den teilweisen oder in den gänzlichen Genuß der Alterspension. Ein Angestellter mit 3000 M. Gehalt, der rechnungsmäßig 960 M. Altersrente zu beanspruchen hat, während das Durchschnittsgehalt der Versicherungszeit 1800 M. beträgt, erhält also erst dann Rente, wenn der Arbeitgeber sein Gehalt unter den Betrag von 1800 M. reduziert hat. Ist

das Gehalt auf 1500 M. herabgesetzt, so erhält er 300 M., statt 960 M., also 660 M. weniger. Erst wenn das Einkommen auf 840 M. reduziert wird, würde der Angestellte die volle Altersrente von 960 M. beziehen, weil jetzt Einkommen zuzüglich Altersrente genau dem Durchschnittsgehalt entspricht.

5. Beim Ausscheiden eines männlichen Versicherten aus der versicherungspflichtigen Beschäftigung findet eine **Beitragserstattung** nur dann statt, wenn mindestens 60 Monatsbeiträge entrichtet sind und wenn die betreffende Person eine ähnliche Tätigkeit, wie die der Versicherungspflicht unterliegenden Personen, ausübt. Alle Angestellten, die in eine andere Tätigkeit übertreten oder die an der Grenze des Höchstgehaltes stehen und diese vor Ablauf der Wartezeit von 60 Beitragsmonaten überschreiten, erhalten also nichts.

6. Für **weibliche Angestellte** sind die gleichen Beiträge wie für die männlichen vorgesehen, obwohl bei ihnen die Versorgung von Hinterbliebenen fortfällt. Die in dem Gesetzentwurf vorgesehenen geringen Mehrleistungen für weibliche Angestellte dürften keinen entsprechenden Ausgleich bieten. Eine Beitragserstattung bei Verheiratung einer weiblichen Angestellten soll nur eintreten, wenn mindestens 60 Monatsbeiträge bezahlt sind. —

Bei der Mangelhaftigkeit der Leistungen der vorgeschlagenen Sonderversicherung wirft sich um so dringender die Frage auf, ob nicht an dem Gedanken des **Ausbaues der Invalidenversicherung** festzuhalten ist. Gegen diese Lösung sind folgende Gründe geltend gemacht worden:

1. Durch Anfügung höherer Lohnklassen werde ein Mißverhältnis zwischen den Beiträgen und Leistungen der Invalidenversicherung entstehen, insofern, als nach dem Invalidenversicherungsgesetz die Rente sich aus den letzten 500 Wochenbeiträgen berechnet und das in dieser Zeit bezogene Gehalt der besser bezahlten Privatangestellten weit höher ist als das durchschnittliche Gehalt, für das die früheren Beiträge entrichtet wurden.

Diesem Einwand könnte jedoch in der Weise Rechnung getragen werden, daß die Grundsätze für die Berechnung der Renten geändert werden, etwa dahin, daß die Berechnung nach dem Durchschnitt der in der ganzen Versicherungszeit bezahlten Beiträge erfolgt. Wenn sich daraus allgemein eine Verringerung der Leistungen ergibt, so könnte diese wiederum durch eine Erhöhung der Grundrenten ausgeglichen werden.

2. Der Ausbau der Invalidenversicherung werde eine wesentliche Erhöhung der Reichszuschüsse zur Folge haben. Demgegenüber kann auf die Möglichkeit verwiesen werden, die Gewährung des Reichszuschusses, wie seither, auf die Einkommen bis 2000 M. zu beschränken. Im übrigen kann es nicht unbillig erscheinen, daß, wenn Industrie und Handel neue erhebliche Lasten auf sich nehmen müssen, auch das Reich selbst einen gewissen Mehrbetrag leistet.

3. Durch Anfügung neuer Lohnklassen werde sich das Risiko der gesamten Versicherung verschlechtern, weil eine geringere Zahl von Versicherungen zum Verfall kommt.

Die Zahl der verfallenden Versicherungen ist nach der Denkschrift zur Vorlage allerdings sehr groß; es kann aber vom Billigkeitsstandpunkte aus dieser Zustand als ein erwünschter nicht bezeichnet werden. Wird daher bei einem Ausbau der Invalidenversicherung eine geringere Zahl von Versicherungen verfallen, so würden wir hierin vom allgemeinen Standpunkte einen Vorzug sehen.

4. Der Hauptgrund, der gegen den Ausbau der Invalidenversicherung geltend gemacht wird, ist der, daß auf diesem Weg den Wünschen der Privatangestellten nach einer auskömmlichen Versicherung nicht entsprochen werden könne, denn sowohl die Anerkennung der Berufsinvalidität, wie die Heraussetzung der Invaliditätsgrenze, wie die Gewährung hoher Invaliditäts- und Hinterbliebenenrenten und endlich die Festsetzung der Altersrente schon im 65. Jahr statt im 70. würden eine Mehrbelastung des Reiches und der Interessenten bedingen, die weit über die vorhandene Leistungsfähigkeit hinausgehe.

Auch diese Gründe erscheinen nicht stichhaltig. Zunächst kann nicht anerkannt werden, daß für eine staatliche Fürsorgegesetzgebung die Wünsche derjenigen entscheidend sein sollen, denen diese Fürsorge zugute kommt, vielmehr muß die Gesetzgebung sich auf den Standpunkt stellen, nur das zu gewähren, was der vorhandenen Leistungsfähigkeit und der Billigkeit entspricht. Von diesem Gesichtspunkte aus aber erscheinen einige Forderungen von vornherein zu weitgehend. Die Invalidenversicherung enthält bereits die Anerkennung einer Berufsinvalidität in gewissen Grenzen: Von einem Werkmeister wird nicht verlangt, daß er noch als Fabrikarbeiter tätig ist, von einem Schreiber, daß er Handarbeiten leisten soll. Eine weitergehende Berufsinvalidität wird man auch in einer Privatangestelltenversicherung nicht aussprechen können. Der Gesetzentwurf selbst beweist dies, da die dem Begriff der Berufsinvalidität in § 24 gegebene Definition sich begrifflich in kaum erkennbarer Weise von der Difinition der Invalidität in § 5 des Invalidenversicherungsgesetzes unterscheidet. Die Herabsetzung der Altersgrenze vom 70. auf das 65. Jahr wird in der Denkschrift der Regierung selbst gewissermaßen als unberechtigt anerkannt, da es auf Seite 104 heißt: daß „die Arbeitskraft der Angestellten infolge der besseren Lebenshaltung und der verhältnismäßig geringen körperlichen Anstrengung von längerer Dauer ist".

Auch die Forderung, daß jede Witwe eines Versicherten, nicht nur die invalide Witwe, Anspruch auf Witwenrente haben müsse, kann von dem Gesichtspunkte aus angefochten werden, daß gerade die moderne Entwickelung der Frau eine außerordentlich große Auswahl standesgemäßer Berufstätigkeiten bietet. Vor allem aber ist darauf hinzuweisen, daß die Leistungen, die nach dem vorliegenden Entwurf gewährt werden würden, nicht imstande sind, auch nur eine annähernd hinreichende Versorgung zu gewähren, insbesondere wird niemand behaupten können, daß die Witwe eines Privatangestellten, wenn sie nach 25 Dienstjahren ihres Mannes, der ein Gehalt von 4000 M. bezogen hat, 273,50 M. als Witwenrente erhält, in der Lage sei, auch nur einen erheblichen Teil ihres Lebensunterhalts damit zu bestreiten.

Die Nachteile einer **Sonderversicherung** bestehen in einer neuen Komplizierung unseres Versicherungssystems, in der Schaffung eines neuen großen und kostspieligen Beamtenapparates und in der Schwierigkeit der Abgrenzung des Kreises der versicherungspflichtigen Privatangestellten.

Leider fehlt es an genaueren Berechnungen über die Leistungen, die bei einem Ausbau der Invalidenversicherung möglich sind. Es **ist daher dringend zu wünschen, daß die Unterlagen für einen Ausbau der Invalidenversicherung zunächst beschafft und damit die Prüfung über die Zulänglichkeit und Durchführbarkeit eines Ausbaues der Invalidenversicherung ermöglicht wird.** Nur wenn der Weg des Ausbaues der Invalidenversicherung als völlig ungangbar erwiesen ist, könnte dem Gedanken einer anderen Lösung der vorliegenden Frage nähergetreten werden. Jedenfalls kann dieser Weg nicht schon deshalb als ungangbar bezeichnet werden, weil inzwischen die Beratung der Reichsversicherungsordnung zu weit vorgeschritten ist, um noch die Durchführung dieses Ausbaues zu ermöglichen, denn auch nach Verabschiedung der Reichsversicherungsordnung kann durch eine entsprechende Aenderung der in Betracht kommenden Abschnitte oder Paragraphen dieses Gesetzes eine Erledigung ebenso leicht stattfinden, wie durch die Schaffung eines ganz neuen Gesetzes.

Im einzelnen gibt der Gesetzentwurf zu folgenden Wünschen und Bedenken Veranlassung:

1. Umfang der Versicherung.

Die in § 1 enthaltene Begrenzung des Personenkreises ist außerordentlich unsicher. Dies gilt sowohl von dem Begriff der in „leitender Stellung" befindlichen Angestellten, wie von dem Begriff der „Betriebsbeamten, Werkmeister und anderer Angestellter in einer ähnlich gehobenen oder höheren Stellung". Für die Unklarheit führen wir zwei Beispiele an: Auf eine Anfrage an das Reichsamt des Innern, ob die Bureaubeamten der Rechtsanwälte, Vereine usw. versicherungspflichtig seien, wurde erwidert, daß dies der Fall sei. Der Wortlaut des Paragraphen spricht unseres Erachtens dagegen, da nach diesem Wortlaut wohl die Bureauvorsteher, aber nicht das übrige Personal als versicherungspflichtig angesehen werden kann. Als zweites Beispiel erwähnen wir die Monteure, die in den allerverschiedenartigsten Stellungen vorkommen, bald allein arbeiten, bald mit einem oder mehreren Gehilfen; zum Teil stehen sie zweifellos auf der Stufe der Arbeiter, zum Teil aber stehen sie den Werkmeistern gleich. Die Zugehörigkeit zu der einen oder andern Kategorie wechselt auch je nach ihrer Beschäftigung. Sodann gibt es viele Personen, die je nach der Konjunktur einmal Privatangestellter, ein andermal Arbeiter oder selbständige Gewerbetreibende sind.

Diese Fälle werden zeitraubende und umständliche Erhebungen nötig machen und zu großen Unzuträglichkeiten für die beteiligten Arbeitgeber und Arbeitnehmer führen. Jedenfalls ist der § 1 so präzis zu fassen, daß mit möglichster Sicherheit die Abgrenzung der Personenkreise erkennbar ist.

Weitere Schwierigkeiten werden sich aus der Gehaltsgrenze von 5000 M. ergeben. Nach § 17 wird bei wechselnden Bezügen der Betrag des letzten Jahres zugrunde gelegt. Personen, die auf Gewinnanteile usw. angewiesen sind, werden hiernach bald der Versicherungspflicht unterliegen, bald nicht. Zur Vermeidung eines zu häufigen Wechsels dürfte vorzusehen sein, daß die Veränderung in der Versicherungspflicht von einem mehrjährigen Durchschnitt abhängig gemacht wird.

2. Verwaltung.

Die vorgesehenen Verwaltungseinrichtungen erscheinen außerordentlich kompliziert und kostspielig. Dies geht aus folgender Uebersicht hervor. Es sollen geschaffen werden:

a) ein Direktorium, bestehend aus einem Präsidenten und einer Anzahl von Mitgliedern, mit dem sonstigen Beamtenpersonal;

b) ein Verwaltungsrat, bestehend aus 50 Mitgliedern und je 2 Ersatzmännern;

c) ein Verwaltungsausschuß, bestehend aus 4 Mitgliedern und je 2 Ersatzmännern;

d) Rentenausschüsse, deren Zahl wohl der Zahl der Invalidenversicherungsanstalten (31) gleich kommen dürfte und von denen jeder einen beamteten Vorsitzenden und stellvertretenden Vorsitzenden, die nötigen Hülfskräfte und ferner mindestens je 20 Beisitzer hat. Bei 31 Ausschüssen ergeben sich 620 Beisitzer;

e) Vertrauensmänner: je 6 für den Bezirk einer unteren Verwaltungsbehörde, mit je 2 Ersatzmännern. Bei 1200 Verwaltungsbehörden ergeben sich mindestens 21 600 Vertrauensmänner und Ersatzmänner;

f) Schiedsgerichte mit der erforderlichen Zahl von Beisitzern und ein Oberschiedsgericht;

g) Anmeldestellen und Beitragsstellen, über deren Ausstattung mit Beamten nichts Näheres gesagt ist.

Für alle vorstehend erwähnten Beamten sind die erforderlichen Gehälter und Pensionen aufzubringen, für die ehrenamtlichen Organe sind Tagegelder und Reisekosten, sowie Entschädigungen für Zeitaufwand und entgangenen Arbeitsverdienst zu zahlen. Es kann wohl kein Zweifel sein, daß dieser Apparat ganz außerordentlich hohe Kosten verursacht. Dazu kommen die sachlichen Ausgaben für Gebäude, bzw. Miete, für Bureaubedürfnisse usw.

Wir halten es für ausgeschlossen, daß alle diese Ausgaben, wie das Reichsamt des Innern annimmt, nur einen Aufwand von 0,88 pCt. der gezahlten Beiträge verursachen sollen. Dringend zu empfehlen ist ein möglichster Anschluß der Organe der Versicherung an die schon bestehenden Einrichtungen der sozialen Versicherungsgesetze, namentlich bezüglich der Melde- und Zahlstellen, sowie bezüglich der rechtsprechenden Instanzen.

Was das System der Verwaltung betrifft, so erscheint es an sich zweckmäßig, ihr einen gewissen bureaukratischen Charakter zu geben. Es muß jedoch in allen wichtigeren Fragen den Arbeitgebern und Versicherten eine entscheidende Mitwirkung eingeräumt werden. Insbesondere muß der Verwaltungsrat die Befugnis haben, nicht nur angehört zu werden, sondern auch in bezug auf die Jahresrechnung und Bilanz, den Besoldungs- und Pensionsetat, die Besetzung von Beamtenstellen, den Erwerb oder die Veräußerung von Grundstücken mitzubeschließen.

Es ist nach keiner Richtung hin zu rechtfertigen, daß diejenigen, die die gesamten Lasten der Versicherung tragen, keinerlei maßgebende Mitwirkung erhalten sollen.

3. Beiträge und Leistungen.

Ueber die Mängel der Leistungen ist oben bereits das Wichtigste angedeutet. Es bedarf dringend der Erwägung, wie diesen Mängeln nach Möglichkeit abzuhelfen ist. Die Grundsätze der Versicherung müssen so gestaltet sein, daß den gezahlten Beiträgen in allen Fällen eine entsprechende Gegenleistung gegenübersteht. Von besonderer Wichtigkeit wäre es, die Möglichkeit zu schaffen, daß statt einer Rente auch ein Kapital im Versicherungsfall gezahlt werden kann.

Die Aufbringung der Mittel entspricht nicht versicherungstechnischen Grundsätzen, da die Beiträge ohne Rücksicht auf Alters- und Familienstand bemessen sind. Wenn auch zur Vereinfachung bei der allgemeinen Invalidenversicherung derartige Unterschiede unterlassen worden sind, so kann das gleiche doch nicht ohne weiteres für eine Angestelltenversicherung gelten, weil diese Versicherung viel höhere Beiträge verlangt und weil kein Reichszuschuß gewährt wird, der bei der Invalidenversicherung ausgleichend wirkt. Es ist deshalb zu erwägen, ob nicht eine gewisse Staffelung der Beiträge nach dem Alter und eventuell dem Familienstande einzuführen oder umgekehrt das Ruhegeld und die Hinterbliebenenrenten beim Eintritt des Versicherungsfalles nach dem Alter der Beteiligten verschieden hoch zu bemessen sind.

Die Grundlagen für die Beitragsberechnung sind sehr anfechtbar, da sie einer Gruppierung entnommen sind, die sich für die Angestellten nach der Berufszählung von 1895 ergeben hat. Hierbei ist nicht berücksichtigt, daß die künftigen Zugänge zur Versicherung hauptsächlich in jugendlichen Personen bestehen. Die Beiträge sind ferner unter Annahme eines für alle Mitglieder gleichbleibenden Gehaltes berechnet, während die älteren Versicherten durchschnittlich ein viel höheres Gehalt haben wie die jüngeren. Die letzteren werden daher zugunsten der älteren Mitglieder erheblich vorbelastet.

Die gesamten rechnerischen Grundlagen der Beitragsbemessung sind jedenfalls einer gründlichen Nachprüfung zu unterziehen. Das gleiche gilt von den Unterlagen, die für die Invaliditätswahrscheinlichkeit gewählt worden sind. Sie sind abgeleitet aus statistischen Zusammenstellungen der Jahre 1868—1884 für das nicht fahrende Personal der deutschen Eisenbahnverwaltungen. Diese Personen aber wurden vorher ärztlich untersucht. Sie waren vielfach Militäranwärter und hatten kein Interesse daran, frühzeitig invalide zu erscheinen. Bei den Privatangestellten liegen ganz andere Voraussetzungen vor. Ihre vielfach unsichere Stellung wird sie bei vorliegender oder drohender Stellenlosigkeit leichter veranlassen, invalide zu erscheinen; umgekehrt werden Arbeitgeber unter Hinweis auf die bestehende Versicherung ältere Angestellte leichter entlassen. Da es sich um eine Zwangsversicherung handelt, müssen auch viele schwache und kränkliche Personen aufgenommen werden. Auch die Invaliditätswahrscheinlichkeit der Frauen, für die eine Statistik aus den Jahren 1870—1881 zugrunde gelegt ist, dürfte nach dem heutigen Stande der Statistik eine erheblich andere sein.

4. Vermögenslage.

Die Denkschrift der Regierung rechnet mit einer durchschnittlich $3\frac{1}{2}$ prozentigen Verzinsung des angelegten Vermögens. In der ersten Regierungsdenkschrift von 1907 wurde aber bereits ausgesprochen, daß der für mündelsichere Anlagen zu erzielende Zinsfuß, abgesehen von vorübergehenden Steigerungen, allmählich zurückgehe, und daß daher die dauernde Verzinsung nicht höher als mit 3 pCt. in Ansatz kommen dürfe. Bei sämtlichen Invalidenversicherungsanstalten ergab sich in den Jahren 1905—1908 durchweg ein Zinssatz von weniger wie $3\frac{1}{2}$ pCt. Die privaten Lebensversicherungsgesellschaften verzeichneten in denselben Jahren eine Verzinsung von 3,83—3,96 pCt. ihrer Aktivbestände; sie legten aber auch 85 pCt. ihres Vermögens in erstklassigen Hypotheken und nur 4 pCt. in Wertpapieren an, während nach der Denkschrift zur Regierungsvorlage die Reichsversicherungsanstalt ihr Vermögen zu mindestens 25 pCt. in Staatspapieren anlegen, einen weiteren Anteil an Gemeinden- und Baugenossenschaften für gemeinnützige Wohnungszwecke ausleihen und zur Errichtung von Invaliden- und Waisenhäusern, Heilstätten usw. verwenden soll, alles Anlagen, die nur eine ganz mäßige Verzinsung ermöglichen. Es dürfte deshalb auch nur mit einer Durchschnittsverzinsung von höchstens $3\frac{1}{4}$ pCt. zu rechnen sein.

Hiernach erscheint es dringend nötig, die finanziellen Grundlagen der Versicherung nachzuprüfen und zu berichtigen.

5. Besondere Pensionseinrichtungen und private Versicherungsverträge.

Die vom Gesetzentwurf vorgeschlagenen Bestimmungen über die besonderen Pensionseinrichtungen entsprechen keineswegs der berechtigten Forderung, daß die vorhandenen, durch die Opferwilligkeit der Unternehmer und ihrer Angestellten ins Leben gerufenen Betriebspensionskassen und die landesgesetzlich geregelten Knappschaftsvereine in ihrem Bestande nicht gefährdet und in ihrer segensreichen Wirksamkeit nicht beeinträchtigt werden dürfen.

Indem der Entwurf die Zulassung der privaten Pensionskassen als Ersatzinstitute für die staatliche Versicherung ablehnt und die Betriebspensionskassen nur als Zuschußkassen unter der Bedingung bestehen lassen will, daß sie die gesetzlichen Beiträge für ihre versicherungspflichtigen Mitglieder aus den Kassenmitteln entrichten, nötigt er sämtliche Kassen zu einer erheblichen Erhöhung der Beiträge oder Herabsetzung der Leistungen und stellt dadurch ihr Weiterbestehen ernstlich in Frage. Die im Entwurf vorgesehene Regelung erscheint besonders dort undurchführbar, wo dieselbe Pensionskasse Beamte und Arbeiter einer Firma umfaßt, und läßt den Fall gänzlich unberücksichtigt, daß Personen, die als Arbeiter in den Dienst eines Unternehmers eintraten, später aber dort in eine Beamtenstellung aufrückten, mit einem Teil ihres Einkommens in der Arbeiterpensionskasse verblieben und nur mit dem Rest der Beamtenpensionskasse beitraten.

An Stelle der unannehmbaren Vorschläge des Entwurfes ist zu fordern, daß die Stellung der besonderen Pensionseinrichtungen zur reichsgesetzlichen Angestelltenversicherung nach dem Vorgange des Invalidenversicherungsgesetzes (§§ 10 und 52) und des Entwurfes einer Reichsversicherungsordnung (§§ 1307 und 1345) geregelt werde, wo einerseits die Zulassung besonderer Kasseneinrichtungen („Sonderanstalten") als Ersatzinstitute für die reichsgesetzliche Versicherung unter bestimmten Bedingungen vorgesehen und andererseits den nicht zugelassenen Kassen volle Freiheit in bezug auf die Anrechnung der gesetzlichen Leistungen gegeben wird.

Hiernach wären folgende Bestimmungen über die besonderen Pensionseinrichtungen vorzusehen:

1. Pensionskassen usw. sind als Ersatzinstitute für die reichsgesetzliche Angestelltenversicherung zuzulassen, wenn
   a) die Kassenleistungen im wesentlichen den gesetzlichen Leistungen mindestens gleichkommen;

b) die Erfüllbarkeit mindestens der gesetzlichen Leistungen gewährleistet ist;

c) die Beiträge der Arbeitgeber zu den Kassen mindestens den gesetzlichen Arbeitgeberbeiträgen gleichkommen;

d) beim Uebertritt eines Kassenmitgliedes zur Reichsversicherungsanstalt oder einer anderen zugelassenen Fürsorgeeinrichtung diejenige Prämienreserve überwiesen wird, die zur Uebernahme der gesetzlichen Ansprüche erforderlich ist. Diese Bestimmung ließe sich vielleicht noch dahin vereinfachen, daß nur im Versicherungsfalle das Deckungskapital abzuführen ist;

e) den Kassenmitgliedern ein Rechtsanspruch auf die Kassenleistungen und bei der Entscheidung über die Gewährung von Kassenleistungen eine den gesetzlichen Vorschriften entsprechende Mitwirkung eingeräumt wird;

f) die Kassen die sämtlichen versicherungspflichtigen Angestellten eines Arbeitgebers ohne Auswahl der Risiken aufnehmen.

2. Hinsichtlich derjenigen Kassen, die als bloße Zuschußkassen bestehen bleiben, ist eine dem § 1307 des Entwurfes der Reichsversicherungsordnung entsprechende Vorschrift erforderlich, die ihnen das Recht gibt, die reichsgesetzlichen Bezüge auf die Kassenleistungen ganz oder teilweise anzurechnen. In diesem Falle müssen die Kassen entweder alle Beiträge oder, wenn die Arbeitgeber damit einverstanden sind, wenigstens die der Kassenmitglieder entsprechend herabsetzen, falls nicht die durch die Anrechnung der reichsgesetzlichen Bezüge gemachten Ersparnisse satzungsmäßig zur Erweiterung der Kassenleistungen verwendet werden oder zur Deckung der der Kasse verbleibenden Leistungen erforderlich sind.

3. Hinsichtlich der Knappschaftsvereine erscheint eine Vorschrift angebracht, die diese landesgesetzlich geregelten Einrichtungen allgemein als Ersatzinstitute anerkennt, falls ihre Leistungen im wesentlichen den gesetzlichen Leistungen mindestens gleichkommen.

Die vom Entwurf vorgeschlagenen Bestimmungen über die Berücksichtigung der Versicherungsverträge mit privaten Lebensversicherungsunternehmungen regeln in befriedigender Weise nur den Fall, daß der Angestellte die Lebensversicherungsprämien ganz aus eigenen Mitteln aufbringt. Dagegen wird die vom Entwurf beabsichtigte Regelung derjenigen Fälle, in denen die Arbeitgeber zu den Lebensversicherungsprämien ihrer Angestellten Zuschüsse zahlen, überall da zu einer Schädigung des Angestellten führen, wo diesem die reichsgesetzliche Anwartschaft auf Ruhegeld und Hinterbliebenenrente weniger wert ist als der ihr rechnerisch gleichgesetzte Teil der Anwartschaft aus dem Lebensversicherungsvertrage.

Es dürfte daher angebracht sein, diejenigen Arbeitgeber, welche beim Inkrafttreten des Gesetzes Zuschüsse zu den Lebensversicherungsprämien ihrer Angestellten mindestens in Höhe der gesetzlichen Arbeitgeberbeiträge zahlen, für die Dauer dieser Zuschußzahlung von der gesetzlichen Beitragspflicht zu befreien.

Druck: Deutscher Verlag (G. m. b. H.), Berlin SW 48. 11280

www.ingramcontent.com/pod-product-compliance
Lightning Source LLC
LaVergne TN
LVHW042245300926
849161LV00003B/471
* 9 7 8 3 1 1 2 3 8 9 1 9 5 *